Carl-Auer

Michael Ebmeyer | Roland Schappert

REVOLTE

Zur Aktualität einer Idee

2025

Mitglieder des wissenschaftlichen Beirats des Carl-Auer Verlags:

Prof. Dr. Dr. h. c. Rolf Arnold (Kaiserslautern)
Prof. Dr. Dirk Baecker (Dresden)
Prof. Dr. Ulrich Clement (Heidelberg)
Prof. Dr. Jörg Fengler (Köln)
Dr. Barbara Heitger (Wien)
Prof. Dr. Johannes Herwig-Lempp (Merseburg)
Prof. Dr. Bruno Hildenbrand (Jena)
Prof. Dr. Karl L. Holtz (Heidelberg)
Prof. Dr. Heiko Kleve (Witten/Herdecke)
Dr. Roswita Königswieser (Wien)
Prof. Dr. Jürgen Kriz (Osnabrück)
Prof. Dr. Friedebert Kröger (Heidelberg)
Tom Levold (Köln)
Dr. Kurt Ludewig (Münster)
Dr. Burkhard Peter (München)
Prof. Dr. Bernhard Pörksen (Tübingen)
Prof. Dr. Kersten Reich (Köln)
Dr. Rüdiger Retzlaff (Heidelberg)

Prof. Dr. Wolf Ritscher (Esslingen)
Dr. Wilhelm Rotthaus (Bergheim bei Köln)
Prof. Dr. Arist von Schlippe (Witten/Herdecke)
Dr. Gunther Schmidt (Heidelberg)
Prof. Dr. Siegfried J. Schmidt (Münster)
Jakob R. Schneider (München)
Prof. Dr. Jochen Schweitzer † (Heidelberg)
Prof. Dr. Fritz B. Simon (Berlin)
Dr. Therese Steiner (Embrach)
Prof. Dr. Dr. Helm Stierlin † (Heidelberg)
Karsten Trebesch (Dallgow-Döberitz)
Bernhard Trenkle (Rottweil)
Prof. Dr. Sigrid Tschöpe-Scheffler (Köln)
Prof. Dr. Reinhard Voß (Koblenz)
Dr. Gunthard Weber (Wiesloch)
Prof. Dr. Rudolf Wimmer (Wien)
Prof. Dr. Michael Wirsching (Freiburg)
Prof. Dr. Jan V. Wirth (Meerbusch)

Reihe »update gesellschaft«
hrsg. von Matthias Eckoldt
Umschlagentwurf: B. Charlotte Ulrich
Redaktion: Celine Eßlinger
Layout und Satz: Melanie Szeifert
Printed in Germany
Druck und Bindung: CPI books GmbH, Leck

Erste Auflage, 2025
ISBN 978-3-8497-0583-1 (Printversion)
ISBN 978-3-8497-8526-0 (ePub)
© 2025 Carl-Auer-Systeme Verlag
und Verlagsbuchhandlung GmbH, Heidelberg
Alle Rechte vorbehalten

Bibliografische Information der Deutschen Nationalbibliothek:
Die Deutsche Nationalbibliothek verzeichnet diese Publikation
in der Deutschen Nationalbibliografie; detaillierte bibliografische
Daten sind im Internet über http://dnb.d-nb.de abrufbar.

Informationen zu unserem gesamten Programm, unseren Autoren
und zum Verlag finden Sie unter: **https://www.carl-auer.de/**.
Dort können Sie auch unseren Newsletter abonnieren.

Carl-Auer Verlag GmbH
Vangerowstraße 14 · 69115 Heidelberg
Tel. +49 6221 6438-0 · Fax +49 6221 6438-22
info@carl-auer.de

Inhalt

Stoff der Revolte	7
Wir-Verwirrung	18
Die Polarisierung und das Lachen	42
Revolte als Farce: Aufstand der Ultrabinären	52
Kunst und Revolte	68
In Bewegung	79
Bildverzeichnis	89

Stoff der Revolte

Dieses Buch ist keine Anleitung zum Aufstand, sondern es versucht, Hintergründe auszuleuchten. Es ist ein Essay über Revolte als Haltung und Chance in einer Zeit, in der es uns bitter nötig scheint, über Revolte nachzudenken. Revolte als Ausweg und Abweg, Revolte als gute Idee und als Farce. Dieses Buch ist ein Essay in Gestalt eines Dialogs zwischen Worten und Bildern. Zwischen einem Autor und einem Künstler. Zwischen politischer Dringlichkeit und ästhetischer Skepsis. Es befasst sich mit Revolte als einem kollektiven und praktischen Impuls, nicht als einer bloß individuellen oder metaphysischen Regung. Die Art von »*révolté*«, für die in ihrer einsamen Verweigerung die »Systemsprenger« stehen und vielleicht auch der stille Bartleby in Herman Melvilles berühmter Erzählung, der am Ende zur ganzen Welt »*I would prefer not to*« sagt, ist nicht unser Thema. Dieses Buch befasst sich mit Revolte als massenhaftem Aufbegehren, mit Bewegungen, die einen gesellschaftlichen Umbruch oder das Ende einer Herrschaft anstreben. Es geht um aktivistische und solidarische Wir-Gefühle – und um die Frage, wie sich verhindern lässt, dass solche Gefühle für autokratische Projekte missbraucht werden.

Dieses Buch widersetzt sich den Kräften, die heute einen Habitus der Revolte pflegen, um einen Abbau demokratischer Freiheiten zu betreiben. Auch will es Misstrauen säen gegen die Strategien der Polarisierung, wie sie die gängigen Protest-Ratgeber der letzten Jahrzehnte vorschlagen. Eine

Lanze will es für das Lachen der Revolte brechen, in der Hinsicht ist es ein ansatzweise utopisches Buch. Wer ist schon zum Lachen der Revolte bereit? Denn dabei handelt es sich nicht um ein Lachen über Schwächere, es dient nicht zur Bestärkung von Machtverhältnissen. Es dient gar nicht. Das Lachen der Revolte ist ein Lachen über die Mächtigen und über die Macht, und wenn es sich ganz entfaltet, ein Lachen über das Prinzip Herrschaft. Somit ist es auch ein Lachen über sich selbst, über die eigenen autoritären Anwandlungen. Bisher kommt es in der Praxis der Revolte selten vor (auf einzelne Beispiele werden wir im Lauf des Essays stoßen), doch immerhin in der Kulturtechnik der Social-Media-Memes und ihrer Rezeption findet es inzwischen weite Verbreitung. Vielleicht in einem nächsten Schritt auch offline?

Einen Anflug von Hoffnung ähnlich subversiver Art verbinden wir mit dem Dialog zwischen Text und Bildern in unserem Buch. Zehn von Roland Schapperts Schrift-Bildern sind Teil des Essays. Nicht als Illustrationen oder Ornamente, sondern als eigene Stimme, die den fließenden Text inspiriert und kommentiert, hinterfragt und erweitert.

Vielleicht gelingt es uns auf diese Weise, einen Impuls der Revolte in die offene Form des Essays einzuspeisen.

Ein gekaperter Begriff?

Als wir uns im Sommer 2023 ein gemeinsames Buch über Revolte vornahmen, fanden wir, das Thema liege in der Luft, und wir wunderten uns, dass das Wort Revolte noch nicht von rechts außen gekapert zu sein schien. Zur Strategie der

»neuen Rechten« zählt es ja, sich Vokabeln und Methoden aus linker Theorie und Praxis anzueignen, sie umzuwidmen. Etwa *Widerstand* oder *Friedensbewegung* – oder das von dem kommunistischen Philosophen Antonio Gramsci entwickelte Konzept der *kulturellen Hegemonie*. Kulturelle Hegemonie wird erreicht, indem eine Gruppe (Gramsci sagt: eine Klasse) die eigenen politischen Begriffe so hartnäckig in den öffentlichen Sprachgebrauch presst, dass sie sich dort festsetzen und ein verändertes, der Ideologie der Gruppe/Klasse angepasstes Bewusstsein schaffen. Ein berüchtigtes aktuelles Beispiel sind die Flutmetaphern, mit denen seit der sogenannten Flüchtlingskrise 2015/16 systematisch hantiert wird, um Geflüchtete zu entmenschlichen und ihren »Zustrom« mit einer Naturkatastrophe gleichzusetzen.

Angesichts des alarmistischen Grundtons der »neuen Rechten« und ihrer Attitüde von *Wir müssen uns wehren* läge es nahe, dass sie auch den Begriff Revolte übernehmen würde. Und tatsächlich: Als im Frühjahr 2024 in Dresden mehrere Personen beim Anbringen von Wahlplakaten für SPD und Grüne attackiert und der Europaabgeordnete Matthias Ecke schwer verletzt wurde, kamen Verbindungen der Schläger zu einer neu gegründeten rechtsextremen Gruppe namens »Elblandrevolte« ans Licht. Doch das sind nach wie vor Einzelfälle – leider nicht die Gewalttaten, wohl aber das Auftauchen des Wortes Revolte rechts außen.

Vielleicht ist die Scheu vor dem Begriff zumindest teilweise dem Historiker Volker Weiß zu verdanken. Er veröffentlichte 2017 eins der bis heute einflussreichsten Bücher zur Analyse der »neuen Rechten« und nannte es *Die autoritäre Revolte*. Gut möglich, dass er mit dieser Parodie des im AfD-Umfeld so beliebten Schlagworts der »konservativen Revolution« beizeiten den Begriff Revolte der Vereinnahmung von rechts entzog. Zumal die Kombination von Revolte mit dem Attribut *autoritär* erstens deutlich macht, dass es sich um die Übernahme eines »linken« Begriffs handeln würde (denn Revolte richtet sich sonst gegen Autoritäres). Und sie zweitens daran erinnert, dass Revolte als Begriff nicht nur »links« konnotiert, sondern auch ein bisschen anrüchig ist. Dazu etwas weiter unten mehr.

Warum ordnen wir Revolte als, zumindest in Anführungszeichen, »linken« Begriff ein? Weil damit jahrhundertelang Aufstände von Unterdrückten gegen Herrschende bezeichnet wurden. Gegen Adel und Obrigkeit, gegen ausbeuterische Fabrikbesitzer, gegen repressive Staatsmacht. Eine Art Urbild von Revolte ist die Vorstellung von Sklaven, die in einer antiken Gesellschaft den Gehorsam verweigern.

Dass die extreme Rechte in Deutschland sich einen Gestus der Revolte zu eigen machte (und sich, mit Volker Weiß formuliert, als »antigubernamentale Strömung« inszenierte), geschah erstmals in ihrem Kampf gegen die demokratische Ordnung der Weimarer Republik. Lange brauchte sie ihr Revoltetheater nicht zu spielen, wenige Jahre später gelangten die Nazis an die Macht. Wie schon zuvor in Italien die Faschisten und kurz darauf in Spanien die Falangisten. Auch bei ihrem zweiten historischen Auftritt, also heute, bringen die Kräfte der »autoritären Revolte« in vielen Teilen der Welt

zügig die autokratischen Strukturen hervor, um die es ihnen unter dem »antigubernamentalen« Deckmantel geht. Der Umbau der USA nach dem Trump-Comeback dürfte dafür in den nächsten Jahren das folgenschwerste Beispiel bieten.

Zumal sich mit dem Aufschwung des MAGA-Kults, wir werden darauf zurückkommen, im großen Stil ein Todestrieb als politische Leitlinie etabliert: *Lieber soll die Welt zugrunde gehen, als dass wir unsere Lebensweise ändern.*

Umso dringlicher ist es, ein Denken und soziales Handeln der Revolte für das Leben, für die Freiheit, für das Prinzip der gegenseitigen Hilfe und für das Lachen über die Macht zu stärken. Der Begriff Revolte steht für diese emanzipatorischen und solidarischen Ansätze noch zur Verfügung. Machen wir etwas daraus.

Umfeld

Der Frage, wie sich aus einem kollektiven Unmut ein Funke der Revolte zünden, wie sich gemeinsam empfundene Zumutung in produktive Wut umwandeln und in Bewegung setzen lässt, sind viele Texte nachgegangen. In den letzten Jahren ist daraus fast ein eigenes Sachbuch-Genre geworden. Titel wie Yasmine M'Bareks *Protest. Über Wirksamkeit und Risiken des zivilen Ungehorsams*, Friedemann Karigs *Was ihr wollt. Wie Protest wirklich wirkt* oder Victoria Müllers *Be a Rebel. Ermutigung zum Ungehorsam* bieten mehr oder weniger hemdsärmelige Handreichungen und lösen ein gewisses Medienecho aus. Unser Essay steht am Rand dieses Genres, in der Haltung eines kritischen Beobachters, der durch die Revoltebrille um sich blickt. Er bietet, wie gesagt, keine konkrete Anleitung zum Aufstand. Wohl aber beschäftigt er sich mit verschiedenen, teils grotesken, teils hoffnungsvollen Gestalten, die Revolte heute annimmt.

Die Menge der aktivistischen Veröffentlichungen aus den letzten Jahren kann nicht darüber hinwegtäuschen, dass es in weiten Teilen der Welt um die Kräfte, denen Revolte nicht als Einkleidung autokratischer Projekte dient, sondern die zur Freiheit und Solidarität streben, still geworden ist. An ihnen nagt der Selbstzweifel, während sich die extreme Rechte zwar nicht den Begriff, aber das Rüstzeug der Revolte überstreift wie einen Superheldenanzug aus Wegwerfmode. Eine Leitfrage dieses Essays lautet: Wie kann es gelingen, einen robusteren Stoff der Revolte zu weben – im Verzicht auf den Drang, ein zu überwindendes Modell von Herrschaft und Unterordnung durch ein anderes Modell von Herrschaft und Unterordnung zu ersetzen? Eine Antwort auf diese Frage könnte den der solidarischen Revolte innewohnenden Selbstzweifel in eine Stärke umwandeln.

Camus

»Revolten kennen im Allgemeinen nur das Scheitern, sonst wären sie Revolutionen. Die gescheiterte Revolte indessen greift in die Geschichte ein, sie setzt Zeichen, die teils verschwinden, um später wieder aufzutauchen, sie verändern doch die Welt.« Dieses Zitat des deutsch-italienischen Politikwissenschaftlers und Aktivisten Johannes Agnoli, seinerzeit einer der eifrigsten Theoretiker von *1968* (politische Kehrtwende nach einer Jugend als glühender Faschist und »ausländischer Kriegsfreiwilliger« bei der Wehrmacht), drückt die gängige zwiespältige Haltung zum Begriff der Revolte aus. Anrüchig ist der Begriff, weil er mit dem Nicht-Gelungenen assoziiert wird, mit dem vergeblichen Versuch. Wer einer Revolte Erfolg wünscht, erklärt sie deshalb vorauseilend schon zur Revolution. So geschah es zum Beispiel in der Berichterstattung über die Revolte gegen das Assad-Regime in Syrien 2011 oder auch über die Proteste in Iran 2022, nach dem gewaltsamen Tod der jungen Kurdin Jina Mahsa Amini in Polizeigewahrsam. (Ob mit dem Sturz Assads Ende 2024 die »syrische Revolution« vollendet wurde, ist eine interessante und offene Frage. Als Ergebnis einer Offensive professioneller Milizen scheint uns dieser Umsturz eher keine Revolte oder Revolution im hier behandelten Sinn zu sein.)

Dass Agnolis Auffassung von Revolte, gekoppelt an das Scheitern, so dominant geblieben ist, erstaunt vor allem deshalb, weil der weitaus prominentere Denker der Revolte, Albert Camus, schon Jahrzehnte vor Agnoli den Begriff gerade in Abgrenzung zur Revolution positiv ausdeutete. »Das Bewusstsein tritt zusammen mit der Revolte an den Tag«, schreibt Camus in *L'homme révolté*. (Weil die französische Partizipialkonstruktion auf Deutsch nicht funktionieren will, wird der Titel als *Der Mensch in der Revolte* übersetzt, was seinen didaktischen Reiz hat. Damit wird die Revolte externalisiert: Sie erfasst den Menschen nicht nur, sie umgibt ihn auch. Eine interessante semantische Verschiebung, zumal sich weite Teile von Camus' Buch dem Schritt von der individuellen zur kollektiven Revolte widmen.) Er beschreibt die Revolte als mentalen Dauerzustand des Menschen im Verhältnis zur absurden Wirklichkeit, der er sich ausgesetzt sieht. Für Camus ist die Revolte »die erste und einzige Gewissheit […] im Innern der absurden Erfahrung«.

Revolution hingegen bedeutet nach seinem Verständnis fast zwangsläufig eine Verdrängung dieser Gewissheit und eine Erstarrung in totalitärem Denken. Daher muss sich die Revolte, wenn sie weiterleben will, gegen das Erstarren der Revolution richten.

Wir sind uns nicht ganz einig, in welcher Weise oder bis zu welchem Punkt wir Camus in seinem Blick auf Revolte als Grundhaltung oder gar Ausdruck einer »menschlichen Natur« folgen möchten. Eine Reihe von Schlüssen aber, die er aus seiner Beschäftigung mit der Revolte zieht, haben für unseren eigenen Ansatz geradezu Mottocharakter.

Zum Beispiel dieser: »Sobald die Revolte […] sich vom Ressentiment anstecken lässt, leugnet sie das Leben, eilt zur Zerstörung«.

Oder jener: »Der Faschismus ist in der Tat die Verachtung. Umgekehrt bereitet jede Form von Verachtung, in die Politik eingedrungen, den Faschismus vor oder führt ihn ein.«

Und natürlich Camus' schönster Satz über die Revolte: »Wenn sie eine Revolution will, will sie sie zugunsten des Lebens und nicht gegen es.«

Aktualität einer Idee

Die Gelbwesten in Frankreich und später die »Bauernunruhen« in weiten Teilen Europas trieb zweifellos ein Geist der Revolte an, wenngleich nicht unbedingt ein guter. Schmerzhafte aktuelle Beispiele für Revolten, die im Agnoli'schen Sinn gescheitert sind, finden sich vom *Arabischen Frühling* über die Massenproteste gegen die Autokratisierung in

Hongkong bis zu *Jin, Jiyan, Azadî (Frauen, Leben, Freiheit)* in Iran. Die sozialen Bewegungen seit der Jahrhundertwende, verbunden mit Schlagworten wie *Globalisierungskritik, Indignados, Occupy, Black Lives Matter, #MeToo* und *Fridays for Future,* schreiben eine Geschichte des revoltierenden Aktivismus. »Querdenker« und »Reichsbürger« werfen sich in Posen der Revolte, und der »Kapitolsturm« in den USA im Januar 2021 gibt einen Eindruck davon, wie es aussieht, wenn solche Posen in die Praxis umgesetzt werden.

Revolte mag historisch betrachtet eine »linke«, oder vielleicht besser gesagt: eine emanzipatorische Angelegenheit sein, doch die Rechte hat ihre Muster inzwischen so gründlich abgekupfert und sie, um Camus' Formulierung aufzugreifen, »mit Ressentiment angesteckt«, dass sich bei der Einschätzung einer Revolte immer zuerst die Frage stellt, wohin sie will. Ist es ihr um eine gedeihliche, solidarische Zukunft zu tun oder um kurzsichtige, zerstörerische Interessen? Dient sie als Maske für ein ideologisches Programm, das den Abbau freiheitlicher Errungenschaften betreibt? Die Durchsetzung autokratischer Macht? Den Ruin unserer Lebensgrundlagen?

Wie eingangs gesagt: Dies ist ein Essay über Revolte als Haltung. Und es ist, bei allen Vorbehalten, ein Essay über Hoffnung. Da wir Camus' Misstrauen gegen die Revolution teilen, beschränkt sich die Hoffnung auf die Revolte – *beschränkt* aber auch wieder im Sinn von Camus, für den der kategorische Unterschied zwischen Revolte und Revolution in der Maßlosigkeit der Revolution besteht. Die Maßlosigkeit der Revolution schlägt sich im Totalitarismus nieder, in der gewaltsamen Verfestigung. Die Revolte verweigert sich der Erstarrung, sie bleibt in Bewegung. Sobald sie nicht mehr in Bewegung ist, endet sie: wenn nicht in der Erstarrung nach der Revolution, dann ausgebremst und absorbiert von einer herrschenden Ordnung.

Bei unserem Versuch, die Aktualität der Idee *Revolte* zu umreißen und heutige Voraussetzungen für ihre Beweglichkeit auszuloten, begeben wir uns zunächst am Beispiel der Gesellschaft, in der wir leben, also der deutschen, ins Dickicht der inflationären Wir-Gefühle. Auf einen vielversprechenden Ansatz für ein Wir der Revolte stoßen wir dann bei den *Occupy*-Protesten, ehe wir uns Empörungsroutinen und der Polarisierungsfalle zuwenden. Nach einem skeptisch-sehnsüchtigen Schlenker zum schon erwähnten Lachen der Revolte setzen wir uns den Revolte-Posen der neuen autokratischen Bewegungen aus. Und auf dem Weg zu einem konstruktiven Ausblick am Schluss erweitern wir den Text-Bild-Dialog unseres Essays zu einem Gespräch über Revolte und Kunst.

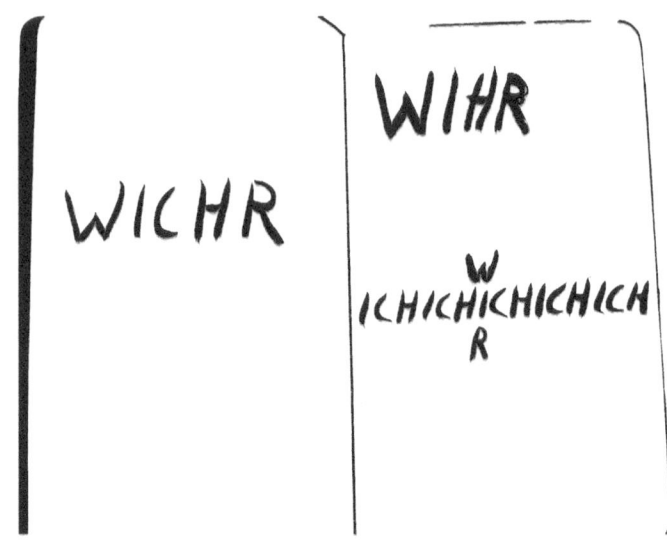

Wir-Verwirrung

Der gefährlichste und zugleich flüchtigste Begriff der Revolte ist *wir*. Jede Revolte im hier behandelten Sinn braucht ein Wir, ein aufbegehrendes Kollektiv. Nur in der Wir-Form kann es sie geben. Doch wo sich die Revolte ihr Wir vorschreiben oder festschreiben lässt, ist die Gefahr groß, dass ihre Haltung autoritär wird. Was als Drang zur Freiheit startet, endet als Wegbereiterin einer neuen Herrschaft. Besonders plakativ tritt diese Autokratisierung des revoltierenden Wir oft dann in Erscheinung, wenn ein Aufbegehren tatsächlich zum Umsturz führt – wenn also eine Revolution gelingt und ihre eigenen Kinder frisst. Das Zitat, bekannt aus Georg Büchners Drama *Dantons Tod,* stammt im Original von Pierre

Vergniaud, einem der Wortführer der Girondisten im französischen Nationalkonvent. Er sprach 1793 auf dem Schafott die letzten Worte: »*La Révolution est comme Saturne: elle dévore ses propres enfants.*«

Nicht alle, aber viele weitere Revolutionen haben seit der französischen ihre Kinder gefressen, sei es die russische von 1917, die kubanische von 1959 oder die iranische von 1979. Und ohne die Analogien überzustrapazieren, lässt sich in jedem dieser Fälle nachzeichnen, wie ein Wir der Revolte auf dem Weg der Revolution zum Futter oder Material einer Diktatur wurde.

Der reich bestückten Bibliothek mit Analysen, wie und warum Revolutionen, die mit einer Befreiungsbewegung gegen eine Zwangsherrschaft beginnen, häufig ihrerseits totalitäre Regime hervorbringen, hat dieses Buch wenig hinzuzufügen. Es will den Fragen nachgehen, auf welche Weisen das Wir schon im Stadium des Aufbegehrens ins Autokratische kippt – und wie es zu retten ist.

Auf den ersten Blick wirkt das Wir zurzeit allerdings weniger wie etwas, das gerettet werden müsste, als wie etwas, vor dem man sich kaum retten kann. Das kollektiv gemeinte Wir grassiert. Nicht nur in Bereichen wie der politischen Rhetorik, der Werbung, dem sozialen Aktivismus oder dem Sport, wo es sich traditionell tummelt und sich nur der Grad an Aggressivität wandelt, mit dem es auftritt. Das Wir irrlichtert durch etliche Ebenen der öffentlichen Kommunikation, von Lifestyle-Statements (»Warum wir Trash-TV lieben«) über die penetrant behauptete

Corporate Identity von Unternehmen bis zu akademischen Debatten und offenen Briefen.

An Buchtiteln der letzten Jahre lassen sich seltsame Wege des Wir in der deutschsprachigen Öffentlichkeit ablesen. Zum Beispiel reagierte auf das beschwörende *Wir sind die Mehrheit* des Soziologen Harald Welzer (2017) eine Autor*innengruppe aus dem »Pegida«-Dunstkreis trotzig-infantil mit *Wir sind noch mehr* (2018). *Wir sind nicht alle,* mahnten wiederum Johannes Plagemann und Henrik Maihack 2023 mit Blick auf den Globalen Süden und westliche Ignoranz. Maja Göpel vergesellschaftete einen Filmtitel der Neunziger in *Wir können auch anders* (2022), und Ulrich Wickert gab 2024 ein Politikhandbuch für Jugendliche heraus, das allen Ernstes *Wir haben die Macht* heißt. Legt dann auch noch Bundespräsident Frank-Walter Steinmeier zum 75-jährigen Grundgesetzjubiläum einen Essay in Buchlänge vor, so trägt er den schlichten Titel *Wir* und beginnt mit den Sätzen: »Wer sind wir? Diese Frage ist schwer zu beantworten.«

Um der kaum minder schwer zu beantwortenden Frage nachgehen zu können, welche Formen eines Wir der Revolte unter solchen Umständen gedeihen oder sich als Möglichkeit abzeichnen, seien fürs Erste drei nicht mehr ganz junge, für das heutige Wir-Gefühlschaos konstitutive Slogans etwas genauer betrachtet: das berühmt-berüchtigte »Wir schaffen das« der damaligen Bundeskanzlerin Angela Merkel von 2015. Die SPD-Wahlkampfparole »Das Wir entscheidet« von 2013. Und »Wir sind die 99 Prozent«, das Motto der *Occupy-Wall-Street*-Bewegung 2011.

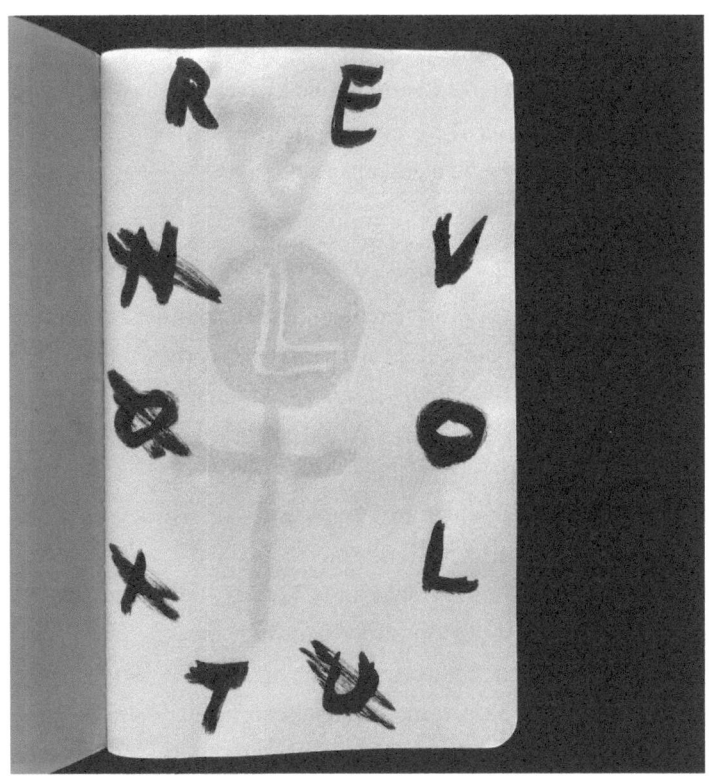

EBMEYER Wortgeschichtlich heißt Revolte Umwälzung im physischen Sinn – ein Wirbeln, ein Strudel. In der politischen Praxis verleibt sich die Revolution, ein Spross derselben etymologischen Wurzel, die Revolte ein. Der Wirbel erstarrt als Baustein in einem neuen Machtgefüge. Die Buchstaben auszustreichen, um aus REVOLUTION (wieder) REVOLT zu machen, erscheint mir deshalb als ein utopischer Akt.

> SCHAPPERT Oder als ein Akt permanenter Aneignung und Hinterfragung. Um einer totalitären Erstarrung zu entgehen, bedarf es gewisser Rücknahmen und Rücksichten, die hier als Ausstreichungen zu erkennen sind.

»Wir schaffen das«

Bei einer Wahl zum umstrittensten Ausspruch der deutschen Politik im bisherigen 21. Jahrhundert hätte dieser Satz gute Chancen. Berühmt wurde er als Destillat einer Pressekonferenz, die Bundeskanzlerin Angela Merkel am 31. August 2015 zur sogenannten Flüchtlingskrise abhielt. Vor allem infolge des Bürgerkriegs in Syrien und speziell des Vordringens der Terrormiliz »Islamischer Staat«, die zeitweise die Hälfte des syrischen Territoriums besetzt hielt, erfasste das Bundesamt für Migration und Flüchtlinge im Jahr 2015 rund 890.000 Schutzsuchende in Deutschland. Die Worte »Wir schaffen das« flankierten die Entscheidung der Bundesregierung, trotz dieser hohen Zahl an eintreffenden Geflüchteten nicht die Grenzen zu schließen.

Es war ein bemerkenswert mutiger Satz aus dem Mund einer Kanzlerin, die vor allem für das Aussitzen und Vermeiden als politische Methoden stand – am liebsten keine Unwägbarkeiten und bloß keine Zumutungen, zumindest keine, die beim Namen genannt werden. Bis zu jenem Spätsommer lautete ihre *Tagline:* »Sie kennen mich.« Und plötzlich eine Ansage, die Unwägbarkeiten und Zumutungen nicht einmal abstritt, sondern wie selbstverständlich auf eine Kraft der Großzügigkeit baute, um mit der Situation zurechtzukommen. Welche Tragweite dieser Ausspruch an der Stelle hatte beziehungsweise hätte haben können, wird in der Reaktion der Schriftstellerin und Schoa-Überlebenden Ruth Klüger deutlich. Am Schluss der Rede, die sie zum Tag des Gedenkens an die Opfer des Nationalsozialismus am 27. Januar 2016 im Bundestag hielt, gab Ruth Klüger der Hoffnung Ausdruck, in dem »Land, das vor achtzig Jahren für die schlimmsten Verbrechen des Jahrhunderts verantwortlich war«, entstehe nun ein »Vorbild [...] mit dem bescheiden anmutenden und dabei heroischen Wahlwort: Wir schaffen das«.

Ein Jahrzehnt später löst ein Begriff wie »Willkommenskultur« bestenfalls noch Wehmut aus. Auf den Wust an wütenden, höhnischen und verleumderischen Gegenreden, den der von Angela Merkel geäußerte Satz provozierte, soll hier nicht näher eingegangen werden. Ebenso wenig darauf, dass sie weder die Erste noch die Einzige war, die damals »Wir schaffen das« sagte. Wohl aber auf das Wir des Satzes.

Neben den unvermeidlichen Erwiderungen aus den Unionsparteien selbst und von weiter rechts (»Wir schaffen das nicht«, »Wie sollen wir das schaffen?«, »Was sollen wir eigentlich schaffen?«, »Wir wollen das nicht schaffen«) wurde frühzeitig bemängelt, es sei nicht klar, wen die Kanzlerin mit »Wir« meine. Vom FDP-Vorsitzenden Christian Lindner etwa ist die flapsige Rückfrage überliefert: »Wer schafft das?«

Vornehmer drückte sich der Journalist Nils Minkmar im *Spiegel* aus: »Denn vielen wertkonservativen Deutschen –

darunter sind übrigens keineswegs nur Wähler der Union, sondern auch viele Grüne und Sozialdemokraten – ist nicht mehr spontan verständlich, wer dieses ›Wir‹ eigentlich sein soll.«

Nicht nur »wertkonservative Deutsche« hatten ein solches Verständnisproblem. Es war angelegt in der Art der Wähleransprache, wie sie die Parteien der sogenannten politischen Mitte seit Jahren pflegten. Das Mantra »Niemand muss auf irgendwas verzichten« war schon damals fester Bestandteil der politischen Rhetorik – so zum Beispiel, wortwörtlich, wiederum Christian Lindner in einem Interview mit der *Welt* im Juni 2016. Die Kontinuität des Anspruchs auf Verzichtlosigkeit, an dem erfolgreiche Politik sich angeblich bemessen lässt, reicht jedoch deutlich weiter zurück. Als »Kanzler der Einheit« hatte Helmut Kohl nicht nur »blühende Landschaften« im Osten in Aussicht gestellt, er hatte auch versichert: »Es wird niemandem schlechter gehen als zuvor.«

Beide Aussagen – Kohl 1990 und Lindner 2016; dazu unzählige weitere ähnlich oder gleich lautende in der Zwischenzeit, bis heute und vielleicht noch morgen – eint nicht nur, dass sie ein Anrecht auf einen Wohlstand formulieren, der in weiten Teilen auf der Plünderung endlicher Ressourcen und auf der Ausbeutung von Menschen am anderen Ende der Lieferketten beruht. Auch haben sie gemeinsam, dass sie diejenigen rhetorisch auslöschen, die hierzulande sehr wohl auf vieles verzichten müssen und denen es in der Tat schlechter geht als zuvor. Laut dem jüngsten Armutsbericht des Paritätischen Wohlfahrtsverbands (Stand

2022) lebten in Deutschland 14,2 Millionen Menschen in Armut: fast eine Million mehr als vor der Corona-Pandemie und 2,7 Millionen mehr als noch 2006. Ende 2024 korrigierte der Paritätische Gesamtverband die Zahl der Armen in Deutschland zudem um nochmals 5,4 Millionen nach oben, weil bei vorigen Berechnungen die explodierten Wohnkosten nicht berücksichtigt worden waren. Einen großen Teil – aktuell mehr als ein Fünftel – der Bevölkerung in vollmundigen Floskeln zum »Niemand« zu erklären, hat gravierende Konsequenzen für die Gestalten, die ein Wir im politischen Diskurs annimmt.

Hinzu kommt eine nicht minder folgenschwere ideologische Zurichtung. Die ersten beiden Jahrzehnte nach dem Beitritt der Ex-DDR zum Geltungsbereich des Grundgesetzes waren in weiten Teilen Europas die Hochzeit einer politischen Agenda, die anfangs noch unbefangen das Etikett »neoliberal« trug. (Die Karriere des Begriffs »neoliberal«, gestartet als Euphemismus, heute fast ein Schimpfwort, wäre einen eigenen Text wert.) Im Zeichen der marktradikalen Doktrin wurde der »schlanke Staat« zum Schönheitsideal erklärt. Es war die Zeit der »Hartz-Reformen«, der »Lockerungen« beim Kündigungsschutz, der »Ich-AGs« und der Boulevardmedien-Häme gegen »Deutschlands frechste Arbeitslose«. Unterdessen setzte die Bundesregierung die Vermögensteuer aus (sie wurde in Deutschland zuletzt 1996 erhoben). Als zwischendurch ein SPD-Kanzler ins Amt kam, ließ er sich als »Genosse der Bosse« feiern. Dann folgten die sechzehn Merkel-Jahre. Und damit hier

kein Agitationsverdacht aufkommt, zur Beruhigung ein bisschen Zahlenpoesie zum Spitzensteuersatz in der Bundesrepublik Deutschland:
- 1989 betrug er 56 %.
- Bis 2005 wurde er schrittweise auf 42 % abgesenkt.
- Nachdem 2007 die sogenannte Reichensteuer eingeführt wurde, beläuft er sich, Stand 2024, für den Betrag des zu versteuernden Jahreseinkommens, der eine Summe von 277.825 Euro übersteigt, auf 45 %.
- In den ersten Adenauer-Jahren lag er bei 95 %.

»Prekarität ist überall«, stellte der französische Soziologe Pierre Bourdieu bereits 1997 bei seiner Analyse der nach neoliberalen Glaubenssätzen umgebauten Arbeitswelt fest. Im folgenden Jahrzehnt wurde in Deutschland die soziologische Kategorie »Prekariat«, ähnlich wie zuvor die »Modernisierungsverlierer« und danach die »Abgehängten«, zum Schlagwort eines tendenziell verächtlichen Jargons, der die Darstellung von Armutsbetroffenen in den Medien prägte.

Die Langzeitstudie *Deutsche Zustände* unter Leitung des Konfliktforschers Wilhelm Heitmeyer bilanzierte in ihrem Abschlussband 2011 ein »entsichertes Jahrzehnt«, geprägt von einer »Entsolidarisierung« der Gesellschaft. Soziale Krisen im Land seien »gewissermaßen privatisiert« worden, und mit dieser Vereinzelung gehe eine »Erosion der demokratischen Basis« einher.

Soweit ein kurzer Parforceritt durch die Vorgeschichte der Wir-Verwirrung, die der Merkel-Satz »Wir schaffen das« auslöste. Das von Parteien der »politischen Mitte« adressierte oder simulierte Wir ist seit dem Siegeszug der neoliberalen Ersatzreligion, wiederum im Anschluss an Pierre Bourdieu formuliert, zu einem Wir der *Shareholders* geschrumpft. Wobei sich *Shareholders* auch im übertragenen Sinn verstehen lässt, als diejenigen, die am gesellschaftlichen Wettkampf weiterhin teilhaben oder von ihm profitieren. Deren Wir kann, trotz aller Beteuerungen, dass niemand verzichten müsse, nur ein Wir unter Wettkampfbedingungen sein.

Erschwerend kamen in den Jahren unmittelbar vor Merkels »heroischem Wahlwort« (um noch einmal Ruth Klüger zu zitieren) die Gründung der AfD als Partei rechts von der Union und der Beginn der »Pegida«-Märsche hinzu. Beide Bewegungen setzten ihrerseits auf ausgeprägte, um nicht zu sagen ausgerastete – und revoltierende – Wir-Gefühle. Davon wird weiter unten noch die Rede sein müssen.

Ohne die spezielle Vorgeschichte stünde kaum infrage, wer das Wir in Merkels »Wir schaffen das« ist: Es wäre die Bevölkerung der Bundesrepublik Deutschland, die als demokratischer Souverän Entscheidungen wie die, ob in der Notlage von 2015 die Grenzen offen gehalten werden, in die Hände der von ihr gewählten Bundesregierung gelegt hat.

Dass es aber nach dieser Entscheidung die »Willkommenskultur« tatsächlich gab; dass die zerrüttete Zivilgesellschaft sich zumindest einige entscheidende Monate lang mit großer Mehrheit willens und imstande zeigte, es tatsächlich zu schaffen; und dass sie es sechseinhalb Jahre später, als die Geflüchteten aus der überfallenen Ukraine kamen, abermals schaffte: Fanale der Hoffnung. Auch darauf wird zurückzukommen sein.

»Das Wir entscheidet«

Mit einem Slogan, den ausgerechnet eine Zeitarbeitsfirma bereits seit Jahren verwendete, startete die SPD in den Bundestagswahlkampf 2013. An der Spitze Peer Steinbrück, zu dem das alte, heimelige Wir der deutschen Sozialdemokratie so wenig passte wie zu keinem anderen Kanzlerkandidaten in der Geschichte der Partei. Als Finanzminister im ersten Kabinett Merkel hatte Steinbrück das Loblied der »Deregulierung« geschmettert. Er machte den Weg frei für den Handel mit Verbriefungen (auch bekannt unter dem Namen »Schrottpapiere«), er förderte die als »Heuschrecken« oder »*vulture capitalists*« gefürchteten Private-Equity-Gesellschaften, und er manövrierte Deutschland dergestalt durch die Finanzkrise von 2008, dass allein die »Bankenrettungen« das steuerzahlende Wir nach Angaben der Bundeszentrale für politische Bildung 59 Milliarden Euro gekostet haben.

Dass die PARTEI das Wahlkampfmotto umgehend als »Das Bier entscheidet« parodierte, wirkt auf den zweiten Blick weniger albern als sinnstiftend. Etwas derart Diffuses wie das Wir einer SPD in den Fängen der neoliberalen Sekte konnte man sich allenfalls schöntrinken.

Es ist ein mittlerweile oft beschriebenes Problem der Sozialdemokratie, dass sie ihre konstitutiven Begriffe kaum noch mit Inhalt zu füllen vermag. Ähnlich wie Steinbrück mit dem Wir erging es vier Jahre später seinem Nachfolger Martin Schulz mit der Gerechtigkeit. Schulz' Karrierestationen, vom ehrenamtlichen Bürgermeister des Städtchens Würselen bei Aachen zum Präsidenten des Europaparlaments, schienen

Bodenständigkeit und Weltläufigkeit gleichermaßen zu garantieren, und sein Wahlkampf startete furios. Als er dann aber nicht imstande war, sein Lieblingsschlagwort »Gerechtigkeit« an konkrete politische Vorhaben zu knüpfen, verfestigte sich der Eindruck, die SPD habe ihre Kernkompetenzen verloren. Der »Schulz-Zug« geriet ins Stocken und fuhr das bis dahin schlechteste Bundestagswahlergebnis in der Geschichte der Partei ein.

Wo sich der Eindruck verbreitet, immer mehr Lebensbereiche seien dem Prinzip Wettkampf unterworfen, wächst unweigerlich die Furcht vor dem Ausscheiden. Auch darüber ist in den letzten zwei Jahrzehnten viel geschrieben worden. Zukunftsängste und »Sorgen um die Sicherung des Wohlstands«, so lautet die geläufigste Erklärung für den Erfolg der AfD – unlängst zum Beispiel wieder in der Trendstudie *Jugend in Deutschland 2024* unter der Leitung des Generationsforschers Klaus Hurrelmann. Aus der Vorstellung von Geflüchteten und »Wirtschaftsmigranten«, die mit den »Abgehängten von hier« um schwindende soziale Ressourcen konkurrieren, schnitzten zudem Sahra Wagenknecht und ihr Gefolge einen Stützpfeiler für ihren »linkskonservativen« Nationalismus.

Ein entscheidendes Wir, wie es der Steinbrück-Slogan verkündete – gleichsam als Versprechen, die Solidargemeinschaft als politischen Kompass erneut in Kraft zu setzen –, stand nicht nur im Widerspruch zur eigenen praktizierten Agenda des Kandidaten, sondern auch zum Zustand der deutschen Gesellschaft nach dem »entsicherten Jahrzehnt«.

Hohle Phrasen zu Wahlkampfzwecken mögen Tradition sein, doch bei »Das Wir entscheidet« war der Hohlraum eine schmerzhafte Leerstelle. Damals wie heute ließen sich die disparaten Wir-Gefühle im Land am ehesten als ein verunsichertes, ein vielfach kontaminiertes und ein bestenfalls resilientes Wir (die Zivilgesellschaft, immer dann beschworen, wenn der Staat sich von seinen Aufgaben überfordert sieht) zusammenfassen. Beziehungsweise als ein verhätscheltes, vorgetäuschtes Wir seitens der politischen Rhetorik – siehe oben, die Leier von »Niemand muss auf irgendwas verzichten«. In ihrer Analyse dieser Tradition der Wähleransprache landen Hedwig Richter und Bernd Ulrich in ihrem Buch *Demokratie und Revolution* (2024) bei dem Bonmot, der »innere Schweinehund« sei »zum eigentlichen Souverän der westlichen Demokratien aufgestiegen«. Richter und Ulrich beziehen sich damit vor allem auf die Unfähigkeit, wirksame Maßnahmen zum Klimaschutz umzusetzen: Alle sind sich einig, dass dringend gehandelt werden muss, aber fast niemand handelt. Solch fatale Lethargie ist ein Ergebnis der Dialektik von Auf-nichts-verzichten-Rhetorik und Armutszunahme.

Versucht man, aus der vorherrschenden Art, wie Politiker*innen öffentlich über »die Menschen in unserem Land« reden oder sich an diese richten, ein Bild vom *impliziten Wähler* zu gewinnen, der ihnen dabei vorschwebt, so zeichnet sich die Figur eines männlichen, tendenziell paranoiden Eigenheimbesitzers in der Provinz ab, getrieben von Argwohn, Anspruchshaltung und Autofetisch, ohne nennenswerten Migrationshintergrund. Der implizite Wähler hegt einen irrationalen Groll gegen »urbane Eliten«. Er atmet erleichtert auf, wenn man ihm versichert, Kreuzberg sei nicht Deutschland. Und er findet, wenn Bauern aus Protest gegen teuren Sprit Straßen blockieren, sei es etwas ganz anderes, als wenn »Klima-Chaoten« das Gleiche tun, um die Politik an das bescheidene 1,5-Grad-Ziel bei der Erderwärmung zu erinnern, auf das sie sich mit dem Pariser Abkommen verpflichtet hat.

Zwar entsprechen die Haltungen der tatsächlichen Land- und Kleinstadtbevölkerung Deutschlands in wichtigen Bereichen offenbar nicht denen des impliziten Wählers. So nutzen laut dem *Energiewendebarometer 2024* der Förderbank KfW schon an die 50 % der Haushalte in Landgemeinden sogenannte Energiewendetechnologien, gegenüber nicht einmal 20 % in den Großstädten. Das muffige Klischeebild wird dennoch nicht in Frage gestellt. Dabei prägt diesen Blick der Politik auf die »Menschen in unserem Land« im Grunde eine erhebliche Arroganz. Arroganz jedoch, auf Propaganda-Deutsch gern »Abgehobenheit« genannt, wird formelhaft gerade jenen Politiker*innen vorgeworfen, die sich an der Gleichsetzung der Bevölkerung mit einem unterstellten inneren Schweinehund nicht beteiligen. So erlitten die Grünen einen grotesken Rückfall in ihre Rolle als Schreckgespenst (»Verbotspartei!«), die an Gehässigkeiten der Konservativen in den frühen 1980ern erinnert; und der Kampfbegriff »Lifestyle-Linke« reicht aus, um die Abwesenheit eines halbwegs aktuellen Gesellschaftsbilds beim Bündnis Sahra Wagenknecht zu kaschieren. Zugleich haben sich die früheren »Volksparteien« CDU/CSU und SPD in eine Spirale begeben, in der sie aus Angst vor dem inneren Schweinehund anscheinend unaufhaltsam Positionen der extremen Rechten übernehmen. Mittlerweile wundert sich über das zwanghafte Nachahmen schon die extreme Rechte selbst, wie bei der Elefantenrunde nach den Landtagswahlen in Thüringen und Sachsen im Herbst 2024 der dorthin entsandte AfD-Vertreter durchblicken ließ. (Damals schien zumindest die vielbeschworene »Brandmauer« bei Konservativen und Liberalen noch zu stehen.)

»Ja, aber die Wahlergebnisse«, wird an dieser Stelle gerne erwidert. Schließlich scheinen sie den Rechtsruck im Land zu bestätigen, während Parteien, die noch von Maßnahmen zum Klimaschutz reden oder von Menschenrechten, die auch für Geflüchtete gelten, »an der Urne abgestraft« werden. Der These nachzugehen, dass solche Wahlergebnisse einen großen Anteil an *self-fulfilling prophecy* enthalten (weil sich keine der etablierten Parteien mehr traut, im großen Stil von der Ansprache des oben beschriebenen impliziten Wählers abzuweichen), dass sie also möglicherweise mehr den Zustand des politischen Diskurses abbilden als den »Willen des Volkes«, würde den Rahmen dieses Essays sprengen. Heruntergekocht auf die Wir-Frage bleibt die Beobachtung: An Kraft und Dynamik – und damit an Revoltepotential – gewinnen im Zeichen des inneren Schweinehundes am ehesten sektiererische, feindselige und megalomane Wir-Gefühle. Ein Spruch wie »Das Wir entscheidet« kann unter solchen Umständen ziemlich abschreckend wirken.

»Wir sind die 99 Prozent«

Nun endlich zu einem konkreten Wir der Revolte. Zuvor nur noch eine Klarstellung, als Konsequenz aus der Wir-Verwirrung, der dieses Kapitel bisher gewidmet war: Wenn wir in unserem Essay »wir« schreiben und es sich nicht um ein Zitat handelt, sind lediglich wir Verfasser gemeint, der Bildautor und der Textautor. Gerade weil wir über Revolte nachdenken, wollen wir selbst kein Kollektiv aufrufen. Wir misstrauen jedem Wir, das sich überzustülpen strebt. Zwar führt die Kakophonie der grassierenden Appelle an ein Wir solches Streben gleichsam performativ ad absurdum. Das heißt aber – siehe das Anschwellen der AfD in Deutschland oder die Wahlsiege reaktionärer, auf ausgrenzende Wir-Gefühle setzender Kräfte in anderen bisher demokratischen Ländern – nicht, dass keiner der durcheinander geschrienen Appelle ideologisch dominant werden kann. Im Gegenteil. Gerade im Zustand geschwächter, ausgehöhlter Wir-Erfahrungen ist diese Gefahr besonders groß, bis hin zur Diktatur per *Walkover*. Das Wir unseres Essays bleibt also ein bloßes Autoren-Wir. Gelegentlich spaltet es sich auch noch auf in seine Bestandteile Ebmeyer und Schappert (wie schon im Kasten zum Bild auf S. 21 geschehen).

Oben erwähnten wir, dass eine Revolte, die sich ihr Wir vorschreiben lässt, mit hoher Wahrscheinlichkeit einer autokratischen Bewegung den Weg bahnt. Zu den Mechanismen, die wir dabei am Werk sehen, werden wir uns im Folgenden noch ausführlicher äußern. Vorerst aber ein Lichtblick.

September 2011. Tausende von Menschen kommen im Zuccotti Park im sogenannten Finanzdistrikt von New York City zusammen und verwandeln den Platz für zwei Monate in ein Protestcamp. Ihr Anliegen: ein Ende der Prekarität, in der weite Teile der US-Bevölkerung leben, eine gerechtere Verteilung von Wohlstand, eine Bändigung des freidrehenden Bankensektors. Die Bewegung gibt sich den Namen *Occupy Wall Street*, sie ist inspiriert von den Protesten der *Indignados* in Spanien und beruft sich als konkretes Vorbild auf die Besetzung des Tahrir-Platzes in Kairo, die ein halbes Jahr zuvor zum Sinnbild des *Arabischen Frühlings* wurde. »*Are you ready for a Tahrir moment?*« Mit diesen Worten begann der Internet-Aufruf, der als Ausgangspunkt von *Occupy Wall Street* gilt.

Die nachträglichen Bewertungen des »Tahrir-Moments« gehen weit auseinander. Manche sehen in *Occupy* eine Revolte von ähnlicher Tragweite wie *1968*, zumal die Proteste in den USA nicht nur an Bewegungen in anderen Teilen der Welt anknüpften, sondern ihrerseits eine globale Welle des Aufbegehrens in Gang brachten. Andere betrachten dieses Aufbegehren als weitgehend wirkungslos verpufft, überdies schon im Ansatz gescheitert, weil es sich nicht einmal auf konkrete politische Forderungen habe einigen können. Wieder andere beklagen die Anfälligkeit von *Occupy* für antisemitische Verschwörungserzählungen (vor allem die von der angeblich jüdischen Bankenmacht).

Was an *Occupy* bleibend fasziniert, ist das Motto, das die Bewegung sich gab: »*We are the 99 percent.*« Das seltene Beispiel eines Slogans, der einem Protestkollektiv ein

Selbstverständnis anbietet und zugleich das Problem solcher Angebote reflektiert. Er geht zurück auf einen Essay des Ökonomen und Nobelpreisträgers Joseph E. Stiglitz über das reichste Prozent der US-Gesellschaft, das im Jahr 2011 über 40 Prozent des nationalen Gesamtvermögens verfügte. Als die kampagnentaugliche Spiegelung »Wir sind die 99 Prozent« dem Anthropologen und Anarchisten David Graeber zugeschrieben wurde, reagierte Graeber anarchistisch-anthropologisch: »Es war ein Gemeinschaftswerk. Ich habe den Teil mit den 99 Prozent vorgeschlagen, ein spanisches Pärchen schlug ›We the‹ vor, und eine Koreanerin fügte das ›are‹ hinzu.«

Was aber ist über derlei Komiteeromantik hinaus das Besondere oder Wegweisende an dem Motto »Wir sind die 99 Prozent«? Erstens das Inklusive: 99 Prozent sind so gut wie alle, und auch wer zum reichsten Prozent zählt, bräuchte bloß einen entsprechenden Teil seines Vermögens der Gemeinschaft zur Verfügung zu stellen, um ebenfalls dazuzugehören. Zweitens das Positiv-Offene: Der Slogan ist revoltetauglich, kommt aber ohne ein personifiziertes Feindbild aus. Er entwirft ein Wir, ohne daran ausgrenzende Bedingungen zu knüpfen oder auf ein ideologisches Arsenal zurückzugreifen. Drittens das Nüchterne: Anders als etwa »Wir sind das Volk«, lässt sich »Wir sind die 99 Prozent« nicht chauvinistisch deuten. 99 Prozent sind eine mathematische Größe, keine politische Kategorie. Daher droht ihr kein identitärer Missbrauch.

Die Parole eröffnet ein Forum, auf dem ihr umfassendes Wir sich artikulieren kann. Der Zusammenhang mag eindeutig scheinen: Protest gegen ungerechte Verteilung von

Ressourcen und gegen die Herrschaft von *Big Finance* hinter demokratischen Fassaden. Doch was diejenigen, die sich als die 99 Prozent identifizieren, fordern oder tun sollen, gibt der Slogan nicht vor.

In einem Interview im Jahr 2012 sagte David Graeber über den Unterschied zwischen *Occupy* und anderen Aufrufen zur Revolte: »Viele Menschen versuchen, eine Bewegung um spezifische Forderungen aufzubauen, und erreichen damit gar nichts.« Im selben Gespräch mit dem Sender *n-tv* resümierte er: »Dass es möglich ist, mit 2000 Personen in einem Raum

zu sitzen und gemeinsame Entscheidungen zu fällen ohne eine Führungsstruktur«, vermittle »einen Eindruck davon, wie eine freie Gesellschaft wirklich aussehen könnte«.

So gesehen lässt sich *Occupy* als Ansatz einer Revolte beschreiben, deren Wir nicht vorformuliert wäre, sondern von der Bewegung in ihrem Verlauf hervorgebracht würde. Für diesen Weg der Revolte – nicht für *Occupy* als leuchtendes Beispiel, aber für die Methode *Die Revolte bringt ihr Wir hervor* – setzen wir uns ein. Er ist in der Geschichte der Revolte allerdings bisher die Ausnahme. Um die Ausnahme zu verstehen, müssen wir uns erst mit der Regel befassen. Das tun wir im nächsten Kapitel. Auf dem Weg dahin wiederum bietet sich, nach den Betrachtungen zum Wir, noch ein kurzer Blick auf das Ihr an.

Ihr-Gefühle

Neben das Wir tritt beim identifikatorischen Sprechen im öffentlichen Raum immer mal wieder ein Ihr. Zumindest die Sprechhaltung, die hinter diesen Ihr-Appellen steht, ist für unser Thema interessant. Ein prominentes Beispiel bietet Stéphane Hessels kurzer, flammender Essay *Empört euch!* (im Original *Indignez-vous!*) von 2010. Nach ihm benannten sich die *Indignados* in Spanien, und er wurde eine Zeitlang zur Pflichtlektüre für Anhänger*innen der sozialen Bewegungen in ganz Europa.

Stéphane Hessel schrieb *Empört euch!* mit 93 Jahren. Er war Veteran des französischen Widerstands gegen die Nazis, Überlebender des Konzentrationslagers Buchenwald und

Mitautor der *Allgemeinen Erklärung der Menschenrechte*. Seinen Aufruf zum zivilen Ungehorsam und gewaltfreien Protest verstand er als Vermächtnis an eine junge Generation, die mit der »internationalen Diktatur der Finanzmärkte« zurechtkommen musste, mit einem Rückfall des US-geführten »Westens« in die nach 1990 überwunden geglaubte Kriegslogik und mit der Gefahr, dass die Erde mit der Klimakatastrophe zu einem »für Menschen nicht mehr bewohnbaren Planeten« wird.

Im selben Monat, als *Empört euch!* erschien, wurde in Deutschland erstmals der neue soziale Typus des »Wutbürgers« beschrieben – in einem Essay von Dirk Kurbjuweit im *Spiegel*. Den Wutbürger (abermals ein überwiegend männliches Phänomen) charakterisiert die Empörung als Dauerzustand. Allerdings empört er sich nicht über Unrecht, Ausbeutung oder die Vernichtung von Ökosystemen, sondern über alles, was er nicht gewohnt ist und unbequem findet. Schon bald nach seiner Erstbeschreibung radikalisierte er sich zum Hassbürger. Er lief bei »Pegida« und deren Ablegern mit und belagerte zum Beispiel Busse mit Geflüchteten, während er sich im eigenen Sprachgebrauch zum »besorgten Bürger« verharmloste. Er ist sozusagen der implizite Wähler in Extremform. Darum auch der erschrockene Grundton in den Worten, mit denen Politiker*innen des demokratischen Spektrums sich von seinen Ausbrüchen distanzieren (bis hin zu »eine Schande für Deutschland«) – bloß um gleich hinzuzufügen, man müsse »die Ängste der Menschen ernst nehmen«.

Das ist das eine Problem mit dem Aufruf *Empört euch!*: Zur lautstarken und vor allem ausdauernden Empörung neigen weniger die, die ein Ende zerstörerischer Herrschaftsverhältnisse wollen, als jene, die wollen, dass für sie selbst alles beim Alten bleibt, egal wie es anderen dadurch ergeht. Ersteren stellt sich beim Ereifern über kurz oder lang ein Hang zum Selbstzweifel in den Weg – denn ihr Denken und ihr politisches Handeln sind vom Hinterfragen des Bestehenden geprägt, und der taktische Nachteil des Hinterfragens ist, dass es nicht Halt macht. Letzteren sind solche Hemmungen fremd.

Das zweite Problem: Stéphane Hessels Art der Ihr-Ansprache wird bis heute laufend kopiert. Bloß sind die Kopierenden keine Diplomaten und Résistancekämpfer, die sich im Greisenalter an die Jugend wenden. Sondern Menschen irgendwo mitten im Leben, mit denen ihr Sendungsbewusstsein durchgeht.

Auch ein kluger Kopf wie der Essayist und Lyriker Max Czollek, um ein augenfälliges und einigermaßen bekanntes Beispiel zu nennen, ist dagegen nicht gefeit. Seit er 2018 mit *Desintegriert euch!* seine eigene Hessel-Variation vorlegte, wimmeln seine öffentlichen Äußerungen von Ihr-Ansprachen. Mal ist es ein Ihr der Gleichgesinnten, die zu etwas aufgerufen werden, mal ein anklagendes Ihr, gerichtet an Vertreter*innen der deutschen »Dominanzposition«, mal ein unspezifisches Ihr, dem er im Zeigefingergestus etwas erklärt. Das ist schade, denn Czolleks Analysen der scheinheiligen deutschen »Erinnerungskultur« und der Rhetorik der »Normalisierung«, die Juden vereinnahmt und zugleich gesellschaftliche

Diversität verleugnet und bekämpft, sind in Zeiten der AfD-Erfolge dringlicher denn je. So, wie er sie darbietet, gehen sie aber inzwischen kaum noch über ein *preaching to the convinced* hinaus und kippen, wo wir schon bei modischen Anglizismen sind, immer wieder in eine Art linkes *Mansplaining* ab.

Ein ähnliches Problem hat Friedemann Karigs vielbesprochene Protestfibel *Was ihr wollt* (2024), und der Stilblüten-Untertitel *Wie Protest wirklich wirkt* macht es nicht besser. Die in dem Buch entfalteten Gedanken über Wege des Aufbegehrens mögen fundiert und konstruktiv sein (wir kommen im nächsten Kapitel kurz darauf zurück). Doch das Ihr, und sei es in Gestalt einer ironischen Shakespeare-Anspielung im Titel, setzt Autor und Zielgruppe in eine unangenehme, hierarchische Beziehung.

Solange man kein Vermächtnis zu verkünden hat, sollte die Ihr-Ansprache mündlichen Situationen vorbehalten bleiben. Sobald man ein Ihr nicht mehr an ein physisches Publikum in einer konkreten Situation richtet, wird es fast unweigerlich zur Projektionsfläche für Machtspielchen: als Gemeinde, zu der gepredigt, als Gefolgschaft, die auf Linie gebracht, als Schicksalsgemeinschaft, die durch Überidentifikation herbeifantasiert wird.

Ein Extrembeispiel für diese Art der Eingemeindung bieten die Gruppen aus dem linken Spektrum, die in ihren Reaktionen auf die Massaker vom 7. Oktober 2023 in Israel und auf den Gaza-Krieg die Massaker zu einer Art Gefängnisrevolte und die Hamas zur Freiheitsbewegung verklären. Was da als »dekoloniale« Haltung auftritt, macht aus dem Herrschaftsbereich einer klerikalfaschistischen Terrororganisation eine Kolonie des eigenen Wunschdenkens. Und auch wenn hier keine Zwangsläufigkeit besteht: Die Neigung zu solch grausamen Irrwegen ist im Bespielen politischer und aktivistischer Ihr-Gefühle angelegt. Darum raten wir von einem Ihr der Revolte dringend ab.

Die Polarisierung und das Lachen

Die sogenannte Studentenrevolte von 1968 bietet endlos Stoff für Legenden und Analysen. Sei es ihre Überschneidung mit der Hippie-Bewegung und mit den Protesten gegen den Vietnamkrieg, sei es die nicht nur zeitliche Parallele zum Prager Frühling. Sei es die Gabelung zwischen dem »Marsch durch die Institutionen« und dem Umschlag in den RAF-Terror oder sei es der Aufschwung eines »linken Zeitgeists«, der heute noch als Popanz reaktionärer Kreise fortlebt. Doch auch die Geschichte der *Nouvelle Droite* begann 1968, als eine Gruppe rechtsextremer Theoretiker in Frankreich, beeindruckt von den Erfolgen der Happenings und Agitprop-Aktionen von links, vorschlug, diese Methoden sowie deren Bezug zu Antonio Gramscis Konzept der *kulturellen Hegemonie* für die eigenen Zwecke nachzuahmen. Im langen Schatten von 1968 steht so gesehen noch die »autoritäre Revolte« der AfD. Das Schicksalsjahr ist, was Protestformen und die Theorie dazu betrifft, nach wie vor der Hauptquell der Inspiration für soziale Bewegungen, gleich welcher Ausrichtung.

Schon früh erschienen erste entsprechende Handreichungen. Zum Klassiker wurden Saul Alinskys *Rules for Radicals*, 1971 veröffentlicht. Alinsky hatte sich in den USA als Pionier des *Community Organizing*, also der radikaldemokratischen Gemeinwesenarbeit in Slums und mit marginalisierten Gruppen, einen legendären Ruf erworben. Nun nutzte er das gesteigerte Interesse an Strategien des Aufbegehrens, um seine eigenen Erfahrungen als Graswurzel-Aktivist mit den spielerisch-provokanten Ansätzen der *Counterculture*-Bewegung kurzzuschließen und daraus einen Leitfaden zu machen.

Wenige Monate nach dessen Veröffentlichung erlag Saul Alinsky einem Herzinfarkt. Somit wurden auch seine *Rules for Radicals* zum Vermächtnis, wenngleich sie, anders als Jahrzehnte später Stéphane Hessels *Empört euch!,* nicht als solches geplant waren.

Wie heftig Alinsky nachwirkt, lässt sich daran ablesen, wie besessen die amerikanische Rechte von ihm ist. Hillary Clinton, die ihre Bachelor-Arbeit über das »Alinsky-Modell« schrieb, ließ diese 1993 vom Wellesley College unter Verschluss nehmen, weil der Strom der Publizisten, die der damaligen First Lady »Extremismus« nachweisen wollten, nicht abriss. Im Präsidentschaftswahlkampf 2008 wütete ein prominenter Rechtsaußen-Radiomoderator, Kandidat Barack Obama beziehe all seine Ideen aus dem Kommunistischen Manifest und aus den *Rules for Radicals*. Zur gleichen Zeit schlachtete die Tea-Party-Bewegung, die bei den Republikanern den Weg für den Trumpismus bahnte, Alinskys Klassiker aus. Die Lobbygruppe *FreedomWorks* verbreitete ein auf Rechts gekrempeltes Plagiat mit dem Titel *Rules for Patriots,* und einer der Tea-Party-Wortführer veröffentlichte 2009 ein Buch namens *Rules for Conservative Radicals,* mit »Lektionen von Saul Alinsky, aus der Tea-Party-Bewegung und vom Apostel Paulus im Zeitalter der Kooperationstechnologien«. Alinsky ereilte also in Amerika das gleiche Schicksal wie Gramsci in Europa: Die »neue Rechte« kupferte seine Methoden ab.

Bleiben wir beim Original. Am Ende des Leitfadens fasst Alinsky seine Regeln für Radikale zu dreizehn prägnanten Ratschlägen zusammen. Von diesen Ratschlägen scheint einer uns besonders wegweisend und ein weiterer – der dreizehnte – fatal. Letzterer lautet: »*Pick the target, freeze it, personalize it, and polarize it.*« Also: »Wählt das Angriffsziel aus, legt es fest, personalisiert es und polarisiert es.«

Was uns daran stört, ist der Aufruf zur Polarisierung. Er fügt sich in ein Denkschema ein, das mindestens so alt ist wie das »Abendland«: die Einteilung der Welt in binäre Gegensätze. Die Dominanz des binären Ordnungsprinzips – eines zwanghaften Entweder-oder-Denkens, zugespitzt auf den Gegensatz von Herrschaft und Unterordnung – begründet und erhält die autoritäre Tradition in all ihren Erscheinungsformen. Laut Alinskys Ratschlägen soll auch die Revolte in diesem binären Schema befangen bleiben. Für Protest, Wider- und Aufstand scheinen kein anderes Motiv und kein anderer Modus denkbar als *Wir gegen die*. Damit unterwirft sich die Revolte, egal wie disruptiv oder ikonoklastisch sie daherkommt, dem Mechanismus des Herrschens, der die auslösenden, weil unerträglich gewordenen Verhältnisse hervorgebracht hat. Solche Revolte bestätigt die autoritäre Tradition. Schon im Ansatz macht sie klar, dass es ihr nicht um ein Ende des Prinzips Herrschaft geht, sondern nur um eine andere Herrschaft: *wir* statt *die*.

Bei diesem Denken verharrt selbst ein hochaktueller und kluger Text wie Friedemann Karigs *Was ihr wollt*. Wenn er das Loblied des Polarisierens singt, verfällt er in einen unbeholfen philologischen Ton und endet auf einer salbadernden Note:

> *»Dazu bedarf der Protest einer narrativen Verdichtung in Form einer Erzählung der Ungerechtigkeit, die symbolkräftig in die Öffentlichkeit getragen wird. Wenn er dabei eindeutige Antagonisierungen schafft, also die Struktur des Konflikts in Gegensätze wie Wir-Die, richtig-falsch, konstruktiv-destruktiv herunterbricht, erreicht er eine moralische Klarheit, die wie eine heilende Essenz in alle Bereiche der Gesellschaft wirken kann.«*

Nicht wirklich (um das Sprachspiel aus Karigs Untertitel aufzugreifen). Das Festklammern am Entweder-oder als Erzählweise schafft keine »moralische Klarheit«, sondern nur eine Klarheit des ideologischen Rahmens. Man bleibt der autoritären Tradition treu. Ein indirektes Glaubensbekenntnis, das sich sogleich in der Wortwahl niederschlägt: »heilende Essenz« klingt in dem Zusammenhang heillos essentialistisch.

Dieser Befund ist umso erstaunlicher, als Karigs Buch an anderen Stellen einen hilfreichen und durchdachten Überblick zu heutigen Themen und Formen des wirksamen Protests bietet. Zudem geht sein direktes Vorbild, *This is an Uprising* von Mark und Paul Engler (das nach seiner Veröffentlichung 2016 wiederum als »das neue *Rules for Radicals*« gepriesen wurde), das Thema Polarisierung deutlich differenzierter an. Für die Brüder Engler ist die Polarisierung nicht Voraussetzung, sondern Effekt erfolgreicher Protestaktionen. Zwar stellen auch sie das binäre Schema als Ordnungsrahmen nicht explizit in Frage. Doch sie sehen am Beginn einer sozialen Bewegung eher ein *So soll es nicht weitergehen* als ein *Wir gegen die*.

Im Sommer 2024 aktualisierten die Englers ihre Thesen in einem zweiteiligen Essay auf der Website der Organisation *Waging Nonviolence*. Unter den Titeln *Why protests work, even when not everybody likes them* und *How to make sure your disruptive protest helps your cause* widmen sie sich anhand einer Fülle von Beispielen der Frage, wie soziale Bewegungen die polarisierenden Effekte ihrer Aktionen nutzen und zu ihren Gunsten beeinflussen können. Ein entscheidender Satz lautet: »Da Organisator*innen die Polarisierung nicht vermeiden können, weder die gute noch die schlechte, müssen sie sich zum Ziel setzen, dass die positiven Resultate die negativen überwiegen.« Hier richtet sich die Anregung nicht darauf, selbst Polarisierung zu betreiben. Sie zielt – und das ist etwas sehr anderes – darauf ab, mit Polarisierung, die sich in vom Entweder-oder-Denken geprägten Gesellschaften als Reaktion auf den Protest einstellt, pragmatisch und möglichst geschickt umzugehen.

Nun aber noch einmal zurück zu Saul Alinsky. Wir kündigten ja an, dass wir nicht nur einen seiner dreizehn Ratschläge für fatal halten (den Aufruf zur Polarisierung), sondern einen weiteren für besonders wegweisend. Nämlich den fünften: *»Ridicule is man's most potent weapon. There is no defense. It is almost impossible to counterattack ridicule. Also it infuriates the opposition, who then react to your advantage.«* Also: »Das Verlachen ist die stärkste Waffe des Menschen.

Sie lässt sich nicht abwehren. Es ist fast unmöglich, das Verlachen zu kontern. Auch macht es die Gegnerschaft wütend, und dann reagiert sie zu eurem Vorteil.«

Strudel, Wirbel, Nudel, Nest – Revolte als Assoziationsmaschine, als Schwung und Weg. Der Wunsch, sie zu lenken, ihr Bahn und Richtung vorzugeben, sie in Stellung zu bringen, sie in einen Dienst zu stellen, scheint unvermeidlich. Vor der Erstarrung bewahrt sich die Revolte, solange sie ihre Wirbel und Wege selbst hervorbringt. Ihre Sehnsucht ist eine Ordnung ohne Herrschaft.

Eine Bewegung zur Revolte handelt nicht von einer Position der Stärke aus. Sie ist ein Aufbegehren für das Ende einer Herrschaft, einer Machtausübung. Das Lachen der Revolte ist ein emanzipatorisches Lachen. (Wenn sie denn lacht. Und das sollte sie. Auch über sich selbst.) Ein Lachen, das den Anspruch auf gewaltsame oder gewaltförmige Autorität zerlegt. Dieses Lachen hat wenig gemeinsam mit dem hämischen Lachen über Schwächere, das eine Grimasse zur Bestätigung von Herrschaftsverhältnissen und ein Reflex sadistischer Triebabfuhr ist. Das Lachen der Revolte entzieht der Macht den Boden. Darum kommt es so selten vor, darum ist es so ein kostbares Gut: weil es die Revolte nicht als Wegbereiterin einer anderen Herrschaft verkündet, sondern als Subversion des Prinzips Herrschaft. Die Revolte, die im Akt des Aufbegehrens lacht, kann sich aus der autoritären Tradition befreien.

Ein berühmtes Beispiel dafür bietet der '68-er-Slogan »Unter den Talaren Muff von 1000 Jahren«. Er gibt dem Protest gegen die akademische Herrlichkeit und gesellschaftliche Macht einer reaktionären Professorenkaste die Form eines eigenwilligen und doch sehr eingängigen Reims. Die Anspielung auf das »tausendjährige Reich« der Nazis, verbunden mit dem Bild eines schlecht belüfteten, altmodischen Würdenträgergewands, macht professorale Autorität in einer Weise lächerlich, die in der Tat kaum zu kontern ist. Viel trägt zur lässigen Wucht der Parole ihr origineller Umgang mit der Sprache bei: Talar als Quasi-Fachbegriff, aber (zumindest damals) geläufig genug, um keine Rätsel aufzugeben; Muff –

laut Duden eine norddeutsche Variante für Moder – so gut wie lautmalerisch und in der Verortung »unter den Talaren« ohnehin intuitiv verständlich. Wollen wir den Fall noch ein bisschen symbolisch aufladen, können wir ergänzen, dass es sich um ein 9.-November-Ereignis handelt: Der Slogan wurde zuerst an jenem Datum des Jahres 1967 auf einem AStA-Transparent in Hamburg verwendet. Seine Premiere verweist, ob gezielt oder zufällig, zurück auf die Novemberrevolution von 1918 und die Absetzung des letzten deutschen Kaisers sowie auf die Pogromnacht 1938 im unter den Talaren weiter modernden Nazideutschland.

Bedauerlich ist, dass sich, zumal in jüngerer Zeit, kaum weitere Belege für eine wirkungsvolle Umsetzung von Alinskys Spottregel finden. Was in der Bundesrepublik zu APO-Zeiten als »Spaßguerilla« eine eigene Strömung zur Revolte sein wollte, wird heute nur noch von einem kleinen Teil der *Antifa* praktiziert. Und während etwa »Wenn's der Wahrheitsfindung dient« – die Antwort des Kommunarden Fritz Teufel auf die Aufforderung vor Gericht, er solle sich erheben; ein weiteres Musterbeispiel für antiautoritären Spott aus dem November 1967 – zum berühmten Zitat wurde, sehen wir uns für aktuelle Fälle auf persönliche anekdotische Evidenz angewiesen. Genannt sei die *Antiverschwurbelte Aktion,* deren Wirken wir wohlwollend verfolgen, seit wir erlebten, wie ihre Leute im Sommer 2020 einen der ersten »Querdenker«-Märsche in Berlin durchkreuzten, indem sie skandierten: »Wir werden von Bill Gates bezahlt und woll'n euch alle impfen!«

Solche Lichtblicke können nicht darüber hinwegtäuschen, dass sich das Aufbegehren dem Bierernst verpflichtet zu haben scheint. Gewiss, es gibt Satire, sogar sehr gute, allerdings spielt sie sich zurzeit vor allem in Medien und Memes ab. Auf die Straßen getragen wird sie zwar mitunter in Gestalt von Interventionen aktionistischer Kunst. Doch sobald Massen mobilisiert werden sollen, herrscht ein grimmiger Ansatz vor, der sich in gerader Linie auf die Humorlosigkeit von RAF und K-Gruppen zurückführen lässt – neben einem apokalyptischen Ton, wie ihn zuerst die Öko- und die Friedensbewegung um 1980 anschlugen. Alinskys Polarisierungsregel wird übereifrig befolgt, während sein Aufruf zum emanzipatorischen Spott nicht als Regel wirkt, sondern als die große Ausnahme. An die Stelle von *»We are the 99 percent«* tritt auf diese Weise zum Beispiel *»Humanity vs. the Rothschilds«* (um eine der antisemitischen Parolen zu zitieren, die vereinzelt auf *Occupy*-Transparenten zu lesen waren) – denn die autoritäre Regression beim Protestieren beschränkt sich keineswegs auf den deutschsprachigen Raum.

Wenn wiederum, und sei es in einem so revolteferen Zusammenhang wie dem Präsidentschaftswahlkampf für Kamala Harris in den USA 2024, das gegnerische Duo als *weird* verlacht wird, kommt der Griff zum Mittel des souveränen Spotts so unerwartet, dass ihn die Medien als Sensation feiern. Und das obwohl – oder weil – die Trump-Kampagne ihrerseits ständig mit Hohn und Häme arbeitet. Die Strategie des Verlachens wird, seit Trump sie in seiner Art des schnöseligen Schulhof-Bullys im Körper eines alten weißen Narzissten penetrant anwendet, der politischen Rechten zugeordnet. Dementsprechend war mit *weird* auf Seiten der Demokraten ja auch keineswegs der Bann gebrochen. Sie lösten das Lachen über die autokratische Bedrohung einmal aus, setzten es jedoch nicht konsequent als Mittel zur Demontage der MAGA-Bewegung ein. Stattdessen setzten sie auf ihre übliche und mittlerweile fatale Kombination von »Die Ängste der Menschen ernst nehmen« und trotzdem irgendwie »abgehoben« daherkommen. Und sie verloren die Wahl.

Dabei ist die Zuordnung des Verlachens zur Rechten ein gewaltiges Missverständnis. Die einzige Art des Lachens, die der extremen Rechten zur Verfügung steht, ist ein Pseudolachen als Ersatzäußerung für ein sadistisch-blödes Triumphgeheul. Hinter dem Pseudolachen lauern Furcht, Feigheit und ein als Grausamkeit sublimierter Todestrieb. (Mit diesen Befunden beschäftigen wir uns im nächsten Kapitel ausführlicher.) Hingegen hat die Nicht-Rechte – schrieben wir hier »die Linke«, würden wir selbst im Rahmen eines aus Dringlichkeit angeschlagenen polemischen Tons zu ungenau – die Wahl zwischen etlichen Varianten des Lachens. Somit auch derer des Lachens, das Herrschaft unmöglich macht. Dieses Lachen nennen wir das Lachen der Revolte, wenngleich es bei vielen Revolten nicht vorkommt.

Revolte als Farce: Aufstand der Ultrabinären

Gelegentlich lief Karl Marx zu Hochform auf, gerne dann, wenn er sich mit Hegel herumschlug. Sein Vorwort zu *Der achtzehnte Brumaire des Louis Bonaparte* beginnt mit den berühmten Sätzen: »Hegel bemerkte irgendwo, dass alle großen weltgeschichtlichen Tatsachen und Personen sich sozusagen zweimal ereignen. Er hat vergessen hinzuzufügen: das eine Mal als Tragödie, das andere Mal als Farce.«

Marx bezog diese Diagnose konkret auf den Neffen Napoleons, der 1851, am Jahrestag der Krönung seines Onkels zum Kaiser Frankreichs, der Zweiten Französischen Republik per Staatsstreich ein Ende setzte, um sich seinerseits zum Kaiser ausrufen zu lassen. Nie aber waren die Worte von der Tragödie und der Farce so wertvoll wie heute, im nicht mehr ganz jungen 21. Jahrhundert. Denn sie stellen für das globale Phänomen der neuen Autokratien einen robusten Deutungsrahmen bereit. Nicht nur, weil die neuen Autokratien farcehaft – damit aber leider keineswegs harmlos – extrem autoritäre Herrschaftsmodelle wiederbeleben. Sondern auch, weil sie dabei auf Posen und Rhetorik der Revolte setzen.

Die neuen Autokratien, manche schon verwirklicht, andere noch im Möchtegern-Stadium, greifen mit den Mitteln des digitalen Zeitalters auf bekannte antidemokratische Muster zurück: Untergangsszenarien und Heilsversprechen, Dämonisierung und Personenkult, Abschottung und Ausgrenzung, Verfolgung und Führerprinzip, Ignoranz

und Verleugnung, Demagogie und Paranoia. Mehrheitlich gehen die autokratischen Bestrebungen heute von explizit reaktionären bis rechtsextremen Kräften aus. Es gibt aber auch Fälle, vor allem in Lateinamerika, in denen theoretisch linke Bewegungen sie hervorbringen: etwa der Chavismus in Venezuela, die *Sandinistas* in Nicaragua unter dem Diktatoren-Ehepaar Ortega/Murillo oder die »Bewegung zum Sozialismus« (MAS) in Bolivien. Kuba zählen wir nicht mit, weil es dort schon vor sieben Jahrzehnten geschah.

Ihre grellsten Gestalten zeigt die autokratische Wende zurzeit da, wo sie nach rechts geht – mit Gesichtern wie Donald Trump, Javier Milei oder Elon Musk. Doch ob die Totengräber der Demokratie wie Horrorclowns oder wie Buchhalter auftreten, eines eint sie: Sie bedienen sich einer Sprache der Revolte, um an die Macht zu gelangen. Sie blasen zum Aufstand »gegen das System«, wie es noch in den 1990ern nur die extreme Linke tat. Die Übernahme linker Kampfbegriffe und Propagandastrategien verbinden sie mit faschistoider Bildlichkeit: Sei es der Sumpf, den Trump in Washington trockenzulegen versprach, sei es die Kettensäge, mit der Milei antrat, um den argentinischen Staatsapparat zu zerstückeln, sei es Musks Hitlergruß, oder sei es allgemein die Figur des starken Mannes.

Womit wir wieder beim Stichwort Farce wären. Die rechten autokratischen Bewegungen von heute fahren ein Inventar der Revolte auf – im Fall der AfD gegen »Altparteien« und »Systemmedien«, gegen ein »Meinungskartell« und eine »Coronadiktatur«, gegen »Denkverbote« und »Genderwahn« –, um einen »reaktionäre[n] Aufstand zur Erhaltung der Normalität« (wie es Hedwig Richter und Bernd Ulrich in ihrem schon erwähnten Buch *Demokratie und Revolution* nennen) zu entfesseln. Uns kommen dazu Alina Bronskys dystopische Jugendbücher *Spiegelkind* und *Spiegelriss* in den Sinn, in denen »Normalität« der Name einer postdemokratischen, repressiven Gesellschaftsordnung ist.

Hier bietet sich abermals der kurze Abgleich mit den Bewegungen von links an, die in Lateinamerika gerade die Tragödie der Ostblock-Diktaturen als Farce wiederholen: Sie verkaufen ihre autokratischen Projekte nicht als »Normalität«, sondern als »Sozialismus des 21. Jahrhunderts«, und der Feind, gegen den sie ein ewiges Aufbegehren beschwören, ist »*la derecha*« (»die Rechte«, der jede oppositionelle Stimme zugerechnet wird) oder »das Imperium« (die USA), manchmal auch »der Zionismus« (in Sachen antisemitischer Verschwörungserzählungen sind sie ganz vorne mit dabei).

Die krasse Polarisierung haben die neuen Autokratismen gemeinsam, egal wo sie sich politisch und ästhetisch verorten. Ihre Haltung ist ultrabinär: Sie geht von einem per se unversöhnlichen *Wir gegen die* aus. So zeichneten die MAGA-Republikaner im Wahlkampf die Demokraten als ein diffus »kommunistisches«, »dämonisches« Übel, das die systematische Zerstörung der USA betreibe. Weil dieses Schreckensbild angesichts der politischen Biederkeit der Gegenseite – selbst Linksaußen-Parteiprominenz wie Alexandria Ocasio-Cortez oder Bernie Sanders bewegt sich nach europäischen Kategorien im sozialdemokratischen Spektrum – wenig plausibel wirkte, musste es angereichert werden mit Hetzmärchen über mordende und Haustiere verspeisende Immigranten, die massenhaft über die Grenzen gelassen werden und »das Blut unseres Landes vergiften«. Dass Trump beim apokalyptischen Schwafeln immer wieder die Grenze zum Nazi-Vokabular überschreitet, wird in der Berichterstattung allenfalls noch achselzuckend vermerkt. Die Methode der *kulturellen Hegemonie* von rechts – man hämmert die eigenen Begriffe und Formeln so lange in den öffentlichen Diskurs hinein, bis sie dort festhängen – trägt, wieder Stichwort Farce, in Gestalt des Trumpschen Mäanderns zurzeit die prallsten Früchte. Ob die USA am Ende seiner zweiten Präsidentschaft noch eine Demokratie sein werden, ist alles andere als gewiss.

Ganz so weit wie der MAGA-Kult in den USA wagt sich die AfD zwar zumindest auf Bundesebene noch nicht aus dem Konsens des politischen Sprechens heraus. Doch Alice Weidels Obsession mit muslimischen »Messermännern« geht in dieselbe Richtung wie Trumps rassistische Tiraden, und die Geräusche aus den Eingeweiden der Partei, von der »erinnerungspolitischen Wende um 180 Grad« bis zu den Potsdamer Deportationsplänen, sind laut genug, um die Debatte um ein Verbotsverfahren in Gang zu halten. Im Rahmen des Projekts, die »Grenzen des Sagbaren« immer weiter zu verschieben, dürfte ein Revival des »Volksschädlings« nicht mehr lange auf sich warten lassen; der »Volksverräter« ist im AfD-Sprech ja bereits fest etabliert.

Der ultrabinäre Ansatz der AfD fußt auf einem Bild vom »deutschen Volk«, zu dessen politischer Alleinvertretung sich die Partei erklärt. Dieses »Volk«, mehr oder weniger gleichgesetzt mit der AfD-Wählerschaft, muss sich gegen – fürs Erste – übermächtige Kräfte wehren, die angeblich seine Abschaffung betreiben. Daher der Jargon der Revolte. Reale Bedrohungen wie die Klimakatastrophe, der demografische Wandel mit Folgen wie Fachkräftemangel und Rentenkrise, eine erlahmte Wirtschaft und eine zu Ehren der Schuldenbremse verrottende Infrastruktur werden ersetzt durch Chimären wie das »Kartell der Altparteien«, die »Islamisierung des Abendlands« oder den »großen Austausch«. Ist die Revolte des »neurechten« Wir gegen diese Mächte des Bösen erfolgreich, dann, so die Suggestion, werde Deutschland wieder zu dem Heimatfilm-Idyll, das es nie gewesen ist. Natürlich erst nach einer Phase der »wohltemperierten Grausamkeit« und der »Remigration«.

Wo die neuen Autokratien sich artikulieren, blüht das Groteske. Wladimir Putin sieht sich beauftragt, Russland vor westlicher Homosexualisierung zu bewahren, und die ihm ergebene Staatsduma überbietet sich mit Verbotsanträgen gegen die »Childfree«-Bewegung oder gegen den Fitness-Trend *Quadrobics*. In Venezuela zieht De-facto-Diktator Nicolás Maduro das Weihnachtsfest 2024 auf den 1. Oktober vor, weil es kurz nach seinem großen Wahlbetrug »schon so weihnachtlich riecht«. Maduro war es auch, der knapp ein Jahr zuvor in einer Fernsehansprache erklärte: »Unser Herr Jesus Christus war ein palästinensischer Junge, gekreuzigt, zu Unrecht verurteilt vom spanischen Imperium.« Das hat er wirklich gesagt.

Doch selbst für groben Unfug der Autokratischen finden sich immer Claqueure – etwa wenn *Welt*-Chefredakteur Ulf Poschardt im firmeneigenen YouTube-Kanal Javier Mileis Rede auf dem Weltwirtschaftsforum in Davos 2024 als »die pure Feier des Kapitalismus« preist und diesen mit modischem Ressentiment gegen Klimaschutz und Gender-Aktivismus angedickten Brei aus marktfundamentalistischer Liturgie zur Vorlesung über wirtschaftswissenschaftliche Grundlagen hochjubelt. Ein Kotau vor dem argentinischen Kettensägen-Messias, dessen wichtigster politischer Berater der Geist seines verstorbenen Hundes ist.

Die Tragödie-Farce-Diagnose wird in dieser Zeit zum Selbstläufer. Der selbsternannte »Anarchokapitalist« Milei führt eine Farce des Neoliberalismus auf, der seinerseits eine Farce des Liberalismus war. (Für einen Schlenker in die Gefilde des »Anarchokapitalismus« ist unser Essay nicht der Ort. Doch wir wollen uns die Bemerkung erlauben, dass es sich um eine Ideologie für egomane *Rich Kids* handelt. Mit Anarchismus hat der »Anarchokapitalismus« nur insofern zu tun, als er für seine Selbstbezeichnung die demagogische Missdeutung von Anarchie als Regellosigkeit aufgreift.) Die AfD in Deutschland pendelt zwischen einer Farce der sogenannten konservativen Revolution nach dem Ersten und einer Farce des Völkischen vor dem Zweiten Weltkrieg. Trump verkörpert eine wahr gewordene *Simpsons*-Dystopie und scheint in seiner zweiten Amtszeit obendrein eine Farce des US-Imperialismus ins Werk setzen zu wollen. Elon Musk wirkt, mit Cybertruck und Raumfahrtprogramm, wie aus einem James-Bond-Film entsprungen.

Wie kommt die Revolte auf den Trichter? Als ein Mahlwerk oder Fleischwolf mit tickender Uhr? Ein Werkzeug zur Engführung eines politischen Plans? Ein Kanal zum Herauspressen, eine Selbstverwurstungsmaschine? Was dann von ihr bleibt, ist bestenfalls von symbolischem Wert.

Höchste Zeit, noch einmal hervorzuheben, dass Farce hier nichts Harmloses oder Gutmütiges bedeutet. Auch das Lächerliche kann brutal werden, zerstörerisch, mörderisch, genozidal. Die neuen Autokratien, seien es die im Social-Media-Takt oder seien es die im herkömmlichen Aufzug, sind das, wohin das Motto *polarize it* führt. Es mag ein ungewohnter Gedanke sein, doch ebenso wie es Opfer der Tragödie gibt, kann es Opfer der Farce geben.

Konservativer Krawall und Todestrieb

Die Publizistin Liane Bednarz, selbst CDU-Mitglied, prägte den Begriff »Krawallkonservatismus«, um zu beschreiben, wie Menschen aus dem christdemokratischen und liberalen Spektrum sich Teile des »Wutbürger«-Diskurses aneignen. Vor allem in Reaktion auf vermeintliche Exzesse der *Wokeness,* der Identitätspolitik und der Klimabewegung entfalten sie, wie Bednarz 2023 in einem *Zeit*-Artikel schrieb, eine »destruktive Lust am Radau«, der »die Polemik der rechten Populisten nachäfft«.

Beispiele für die Hinwendung zum konservativen Krawall finden sich zahlreich im Journalismus und noch zahlreicher in der Politik. Vor allem in der bayerischen CSU hat der Krawallkonservatismus in Gestalt des Rituals *Bierzeltrede* eine gewisse Tradition. Mittlerweile greift er auf den Tonfall weiter Teile von Union und FDP im Tagesgeschäft über. Bis hin zu einem CDU-Chef, der über Asylbewerber sagt: »Die sitzen beim Arzt und lassen sich die Zähne neu machen, und die deutschen Bürger nebendran kriegen keine

Termine.« Zu Parteigrößen, deren erster Reflex auf die Nachricht vom Sturz Assads »schnelle Rückführung von syrischen Geflüchteten« lautet. Sowie zu einem FDP-Vorsitzenden, der nach dem »Ampel-Aus« die Parole »Mehr Milei und Musk wagen« ausgibt. (Und damit nicht in Vergessenheit gerät, in welchem Kontext sich all dies abspielt – dem der Farce –, outet sich Musk zur gleichen Zeit penetrant als AfD-Fan.)

Der Krawallkonservatismus ist eine der Posen, die der ultrabinären Polarisierung in der Politik, aber auch im vielbeschworenen »vorpolitischen Raum« den Weg bahnen. Eine weitere dieser Posen ist – wir wollen ja die Linke und die sich ihr zurechnenden aktivistischen Gruppen nicht idealisieren – die Identitätspolitik. Sie tritt als verschwommenes Spiegelbild der rechten Übernahme linker Begriffe und Strategien in Erscheinung. Denn in ihrem Fall bedient sich die Linke bei Konzepten der Rechten, namentlich essentialistischer Vorstellungen von Identität, Kultur, Gemeinschaft. Der »strategische Essentialismus«, den die antikoloniale Vordenkerin Gayatri Spivak in den 1980ern als vorübergehende Haltung vorschlug, um den »Subalternen« Gehör zu verschaffen, ist im Dienst der Identitätspolitik zur aggressiven Parodie seiner selbst geworden.

Doch bleiben wir vorerst beim konservativen Krawall. Er bildet, als eine Art Vorstufe zur »autoritären Revolte«, die Tonspur zu einer fortschreitenden Aushöhlung der Werte, die dem demokratischen Konservatismus zugrunde liegen. Leitbilder wie Anstand, Verlässlichkeit, Verantwortung oder gar Nächstenliebe blieben vermutlich irgendwo am Anfang des 21. Jahrhunderts auf der Strecke, als die Strategen der US-Regierung unter Präsident George W. Bush ihre Version des »Neokonservatismus« feierten. Zwar wirkt ihre Ideologie heute im Vergleich zum MAGA-Kult fast moderat, doch sie verband hegemoniale Ignoranz und Wildwestrhetorik (»*Now the taliban will pay a price*«) mit Plänen wie einer umfassenden Rückkehr zu patriarchalischen Familienstrukturen, die staatliche Sozialleistungen überflüssig machen sollte. Und sie etablierte die offene Lüge als Markenzeichen »konservativer« Politik. Die von Bushs Außenminister Colin Powell Anfang 2003 vorgetragene gefälschte Rechtfertigung für den Irakkrieg, der dann 600.000 Zivilist*innen das Leben kostete, markiert einen Wendepunkt im konservativen Selbstverständnis. Zwei Jahrzehnte später wimmelt die internationale Politik von »Konservativen«, die eine Nach-mir-die-Sintflut-Haltung praktizieren.

Zum Beispiel die CDU unter Friedrich Merz in Deutschland, wenn sie bei Anträgen zur Migrationspolitik wortbrüchig auf die Unterstützung der AfD baut. Die menschenverachtende Metaphorik (»Zustrombegrenzungsgesetz«) kehrt sich im politischen Akt zum Dammbruch um, der glimpflichstenfalls nur die letzten Reste an demokratischer Glaubwürdigkeit der Unionsparteien fortschwemmen würde. Er kann aber noch viel schlimmere Folgen haben, sowohl, was den Schutz von Geflüchteten, als auch, was die Zukunft der pluralistischen und freiheitlichen Gesellschaftsordnung betrifft.

Oder die Tories und der Brexit: ein ideologisches Kamikaze-Manöver als Garant für dauerhafte Katerstimmung.

Zum fünften Jahrestag hielten nur noch 30 % der britischen Bevölkerung den Ausstieg aus der EU für eine gute Idee. Oder Benjamin Netanjahu, der bereits im Bündnis mit Rechtsextremen regiert: Erst löst er mit dem Plan einer »Justizreform«, die ihn auf Kosten demokratischer Strukturen vor Strafverfolgung bewahren soll, eine der größten Protestbewegungen in der Geschichte Israels aus. Dann scheitert er daran, die Massaker und Geiselnahmen der Hamas vom 7. Oktober 2023 zu verhindern. Darauf reagiert er mit einem Krieg, der zwar die Hamas nicht, wie versprochen, »ausschaltet«, jedoch Gaza in Schutt und Asche legt und dem als »Antizionismus« verkleideten globalen Antisemitismus die Gräuelbilder liefert, die der sich wünscht, um weiter anzuschwellen.

Immer wieder wird darauf hingewiesen, dass »neurechte« Haltungen jenseits der großspurigen Rhetorik, mit der sie einhergehen, angstgesteuert seien. »Als würden die Rechten die ganze Zeit nur ihre Ängste daten, und eines Tages sind sie mit ihnen verheiratet«, wie es der Politologe Ivan Krastev unlängst im *Spiegel* formulierte. Ängste vor Umstellung, vor dem Verlust des Vertrauten, vor dem Hinterfragen von Privilegien, vor dem Schwinden eigener Deutungshoheit.

Wir wollen dieser Analyse nicht widersprechen, nur hinzufügen, dass sich mit dem Kult um die eigenen Ängste ein Todestrieb verbindet, ein unterschwelliger Drang zur Auslöschung der Spezies. Nach dem Motto: lieber sterben, als die eigene Lebensweise zu ändern. Wer den Klimawandel leugnet, weiß in lichten Momenten doch, dass die Häufung von Hurrikans, Hitzerekorden und Sturzfluten kein Zufall ist. Wer eine »Normalität« einfrieren will, ahnt, dass dies den Verzicht auf Zukunft bedeutet. Wer eine Festung errichtet, tut gut daran, sich an Edgar Allan Poes Horrorparabel *Die Maske des roten Todes* zu erinnern – denn sie spielt das Ende der Festung durch. Und, um einmal mehr auch nicht-rechte Ideologieströmungen des Moments mit ins sinkende Schiff zu holen: Wer sich auf die Logik des Wettrüstens einlässt, landet bei der Logik des Vernichtungsschlags.

Katalanische Revolte

Doch zurück zur Revolte. Zu einem vergleichsweise harmlosen Fall, der aber die Fäden dieses Kapitels exemplarisch zusammenführt. Nämlich die katalanische Revolte, die ihren medialen und theatralischen Höhepunkt im Oktober 2017 erreichte. Damals rief der Regionalpräsident Carles Puigdemont auf Basis eines umstrittenen Referendums die Unabhängigkeit der *Republik Katalonien* vom Königreich Spanien aus. Wie es weiterging, ist bekannt: Die Regierung in Madrid stellte Katalonien vorübergehend unter Zwangsverwaltung, obwohl Puigdemont die Unabhängigkeit gleich nach der Verkündung für ausgesetzt erklärt hatte. Er selbst entwich ins Ausland, saß kurze Zeit in Schleswig-Holstein in Haft, blieb danach noch einige Monate in Deutschland und wirkte in der Phase tatsächlich wie ein verfolgter Freiheitskämpfer, weil die spanische Justiz derart übertriebene Vorwürfe gegen ihn erhob. Und so fort.

Für uns interessanter ist die Vorgeschichte. Die katalanische Revolte wäre keine Revolte, wenn sie von oben gekommen wäre. Sie begann 2010 als spontaner Aufstand aus der Bevölkerung, nachdem das spanische Verfassungsgericht in einem dubiosen Verfahren das mühsam ausgehandelte neue Autonomiestatut für Katalonien (sozusagen die Landesverfassung) vier Jahre nach Inkraftsetzung für ungültig erklärt hatte. Das Urteil erweckte die entschlummerte Unabhängigkeitsbewegung zum Leben – so schlagartig, dass die mit dem *independentisme* verbundenen politischen Kräfte der Wucht des Aufbegehrens nur hinterherhecheln konnten.

Die Klage gegen das Autonomiestatut hatte die spanische *Volkspartei* (PP), zu der Zeit in der Opposition, angestrengt. Sie bildete in dem Zwei-Parteien-System, das Spanien nach dem Ende der Franco-Diktatur prägte, den konservativen Part. Ihre Gründer waren Gefolgsleute Francos, und zu ihrem ideologischen *Falange*-Erbe zählt bis heute eine farcehaft-fanatische Wut auf das katalanische Streben nach Eigenständigkeit.

Als die PP 2011 in Spanien wieder an die Regierung kam, war die ultrabinäre Konstellation perfekt: die katalanische Bewegung »für das Recht auf Selbstbestimmung« gegen die Bewahrer der »Einheit Spaniens«. Beiderseits wurde polarisiert, was das Zeug hielt. »Faschisten« gegen »Staatsfeinde«. Die traditionell unsachliche Debattenkultur in Katalonien und Spanien tat ihr Übriges. Und während der Graswurzel-Protest der *independentistes* teils rührende Formen annahm – bis hin zu einer 400-Kilometer-Menschenkette durch ganz

Katalonien im September 2013 –, schaltete Puigdemonts Partei auf eine spezielle Form von konservativem Krawall um.

Jahrzehntelang war sie das bürgerliche Gesicht des politischen Katalanismus gewesen. Einigermaßen liberal, aber traditionsverhaftet, wirtschaftsnah, der Kungelei nicht abgeneigt. Den Traum vom eigenen katalanischen Staat beschwor man in Sonntagsreden, sonst pflegte man einen pragmatischen Umgang mit der jeweiligen Führung in Madrid. In den 90ern hatte man sogar einmal der PP zur Regierungsmehrheit verholfen. Nun aber trat die Partei angesichts der Revolte die Flucht nach vorne an und erklärte sich zur Spitze der Bewegung. Sie benannte sich mehrfach um (zuletzt in *Junts per Catalunya, Zusammen für Katalonien*) und ordnete ihr Programm ganz dem *independentisme* unter. Um eine Koalition mit anderen Pro-Unabhängigkeits-Parteien eingehen zu können, musste sie 2015 ihre korrupte Führung opfern. So wurde der Bürgermeister der Stadt Girona, Carles Puigdemont, dank weißer Weste zum Parteichef.

Eher trauriger Narr als Horrorclown, bietet Puigdemont ein Musterbeispiel für die Radikalisierung bürgerlicher Kräfte, für das Ende der Revolte in den Armen des Establishments und für die Umwandlung einer politischen Karriere in einen privaten Feldzug, *lost in polarization*. Bis auf Weiteres residiert er im belgischen Waterloo (wie am Beginn des Kapitels lässt also Napoleon grüßen) und sitzt von dort aus einem selbstgegründeten »Rat für die Republik« vor.

Die ultrabinären Töne aus Madrid sind verstummt, seit Spanien wieder eine sozialdemokratisch geführte Regierung hat. Diese setzt auf einen versöhnlich-konstruktiven Umgang mit der »katalanischen Frage«. Für das ernüchterte Einschrumpfen der Unabhängigkeitsbewegung in Katalonien dürfte das aber nur ein Teilgrund sein. Die Revolte hat fürs Erste ihren Anlass verloren – und die politischen Kräfte, die sie vereinnahmt haben, einen Großteil ihrer Glaubwürdigkeit. Bei den katalanischen Regionalwahlen 2024 ergab sich zum ersten Mal seit 1980 keine rechnerische Mehrheit für die Pro-*independència*-Parteien.

Kunst und Revolte

Wie steht es in Zeiten der Wir-Verwirrung und der Inflation von Revolte-Posen um die Allianz von Revolte und Kunst? Existieren solche Bündnisse überhaupt, jenseits von ideologischen Verkündungen und individueller Parteinahme? Welche Impulse gibt Kunst im Denken und in der Praxis der Revolte?

Unser Essay schlägt in Gestalt seines Text-Bild-Dialogs einige Bezüge zwischen Kunst und Revolte vor. Um den nun aufgeworfenen Fragen zumindest im so gesteckten Rahmen ein wenig nachzugehen, teilen wir uns für dieses Kapitel auf in Ebmeyer und Schappert. Der Textautor befragt die Bilder, der Bildautor ergreift das Wort.

Indem wir derart vom klassischen Format des Essays abweichen, wollen wir zudem den Prozess des Aushandelns offenlegen, aus dem unser Verfasser-Wir hervorgeht. Es ist kein statisches Wir, sondern ein ständig neu zu bildendes – darin gleicht es dem Wir der solidarischen Revolte, für die wir uns einsetzen. Im Dialog ermöglicht und rechtfertigt das hier beginnende Kapitel das zuvor nur verkündete Wir unseres Essays.

> EBMEYER Roland, deine Serie von Schrift-Bildern zu REVOLT war die erste Inspiration zu diesem Buch. Es fasziniert mich, in deiner Kunst dem Wortfeld Revolte zu begegnen. Und wie Elemente aus diesem Wortfeld in deinen Bildern Gestalten annehmen, wie sie schillern und drängen, sich zugleich zu ihrer Ambivalenz bekennen. Mir tritt jedes der Bilder wie ein extrem

verdichteter komplexer Diskurs entgegen, ohne dass unter dieser Aufladung der Kunstwerk-Charakter leiden würde. Was hat dich zu der REVOLT-Serie inspiriert?

SCHAPPERT Lange Zeit erlebte ich nicht nur innerhalb der Kunstszenen ein gesellschaftliches Umfeld, das von Hedonismus und Materialismus geprägt schien. Nach dem Mauerfall feierten Kapitalismus und Materialismus im Westen einen nahezu ungebrochenen Siegeszug, bis die Fragilität der politischen Systeme bzw. der Regierungsformen, die nicht zu rechtfertigende Hegemonie westlicher Diskurse sowie andere Faktoren wie die Klimaveränderung allmählich ins allgemeine Bewusstsein gelangten. Ab 2017 begann ich zunehmend Bildmotive aus Wörtern und Slogans zu erstellen, die sich mit einem möglichen Aufbegehren beschäftigen.

EBMEYER Für mich sind deine REVOLT-Bilder politische Kunst. Nicht so sehr, weil sie Schlagworte aus politischer oder aktivistischer Rhetorik aufgreifen, sondern wegen ihrer Weisen, mit diesen Begriffen umzugehen, sie bei der Verwandlung in Bilder zu hinterfragen und sie den Betrachtenden zur kritischen Aufgabe zu machen. Bist du mit dem Etikett »politische Kunst« für die Serie einverstanden?

SCHAPPERT Das ist eine interessante Frage. Die meisten Kunstfreund*innen verstehen unter politischer Kunst eher aktivistische oder aktionistische Kunstformen, die mehr oder weniger direkt den Kontakt zum Publikum suchen, was sich auch außerhalb der Ausstellungsorte und Institutionen abspielen kann. Ich glaube dagegen an Reste der autonomen Kunstauffassung, die sich auf Reflexion und Gegenüberstellungen beruft. Dazu bedarf es zunächst der Behauptung und Anerkennung, dass etwas überhaupt Kunst sei. So steht die Kunst in gewisser Weise einer anderen Realität gegenüber. Mir geht es schon darum, dabei allen Betrachtenden und Lesenden ein Angebot zu machen, um Begriffe mit ihren Mehrdeutigkeiten und unterschiedlichen Konnotationen zu hinterfragen und jeweils eine eigene reflektierte Umgangsweise zu provozieren. Vielleicht kann man das tatsächlich als politisches Anliegen betrachten. Mit der Absicht, Alternativen ausfindig zu machen und neue Sicht- und Denkweisen anzuregen.

EBMEYER In vielen Bildern der Serie arbeitest du mit Slogans oder kombinierst Worte parolenhaft. Wozu, würdest du sagen, rufen die Bilder auf?

SCHAPPERT Wir leben im Zeitalter verkürzter und verkürzender Aussagen. Die sozialen Medien pushen vermeintliche Eindeutigkeiten und aufdringliche Stellungnahmen. Die Anzahl der Likes und Follower erzeugt mehr Wirkung als das Abwägen von Argumenten oder von nonbinären Polyvalenzen. Die Bilder könnten dazu beitragen, Eindeutigkeiten als Zumutung zu empfinden und vordergründige Wahrheiten immer wieder neu zu verhandeln. Dazu bedarf es einer beständigen Revolte, die zwar vom Einzelnen ausgeht, aber den Zusammenschluss mit anderen sucht. Als Ausgangspunkt dienen mir Bilder von Worten, weil jede individuelle Bildwerdung der Schrift anscheinend mehr Unterschiedlichkeit und Zwischentöne zulässt als das gedruckte Wort.

EBMEYER »Jede Revolte wird zum Revival angesichts der Tat.« So lautet der Slogan in einem deiner Bilder. Heißt das, wir sollten die Tat vermeiden? Oder das Revival feiern?

SCHAPPERT Für mich schwingt hier eine Zweischneidigkeit mit. Die Revolte war demnach nie zuerst, sie ist nicht originär, sie reagiert, sobald sich etwas tut, sobald Taten erkennbar werden. Die Revolte kommt eigentlich immer zu spät oder wird eben Anzeichen eines Revivals, obwohl wir sie so sehr ersehnen, damit sich endlich wirklich etwas ändert. Das meine ich mit Zweischneidigkeit. Die Revolte folgt auf unstrukturierte und zumindest für Außenstehende unreflektiert wirkende Taten. Sie gibt dann dem Drängen nach Veränderung eine konkrete Form, und jede Formwerdung neigt zur Wiederholung.

EBMEYER Für mich ist die Tat in deinem Bild nicht etwas, das der Revolte vorausgeht, sondern sie verweist auf die Aktionen, in die die Revolte umgesetzt wird. Angesichts der Tat wird Revolte zur Wiederaufführung früherer Revolten – sei es als Farce oder in einer hoffnungsvollen, zukunftsträchtigen Variante. Dass hingegen eine Tat die Revolte als Reaktion auslöst, leuchtet mir nicht ein. Meist tut das doch eher eine Akkumulation und Dauer von Umständen, die als untragbar wahrgenommen werden.

SCHAPPERT Da gebe ich dir Recht. Es kommt eben darauf an, was man hier unter Tat versteht. Ich sprach von jeder Revolte vorausgehenden Taten in Form eines unstrukturierten Brodelns oder unorganisierten Aufruhrs. Sobald die Revolte jedoch in die Lage versetzt wird, sich klar zu artikulieren und eine bestimmte Form anzunehmen, ändert sich der Charakter der dann folgenden

Taten. Vielleicht versteht man meine Ansicht noch besser, wenn wir kurz über das Verhältnis von Revolte und Kunst bei Camus sprechen. »Die Kunst führt uns zu den Ursprüngen der Revolte, insofern als sie versucht, einem Wert Form zu geben, der im ewigen Werden entflieht, den der Künstler jedoch spürt und der Geschichte entreißen will.« Camus zeigt eine Parallele auf, für ihn sind Revolte und Kunst beide schöpferisch, weil sie die Realität nicht leugnen, aber zum Teil korrigieren wollen. Er spricht vom Bestreben beider zur teilweisen Abwandlung des Gegebenen, er bezeichnet Revolte und Kunst als Weltenherstellerinnen durch Formgebung. Und wie er eben nicht nur für die Kunst behauptet: »Die Forderung der Revolte ist in Tat und Wahrheit teilweise eine ästhetische.« Auch wenn Camus in vielen Punkten nicht mehr zeitgemäß erscheint, so glaube auch ich, dass ein Realismus, der nicht auswählt, nicht einzelnes hervorhebt und dabei vielleicht übersteigert und der keiner Formgebung unterliegen möchte, keine Richtung bekommen kann, was Kunst und Revolte prinzipiell verhindern würde.

EBMEYER Ist das Bild die Tat?

SCHAPPERT In gewisser Weise wirkt jedes Bild wie eine Tat, nicht nur innerhalb der Kunst. Und Kunst und Revolte reagieren darauf. Bilder entstehen jedoch vor der Kunst als Kunst, sie unterliegen wie die Revolte dem Prozess der Formgebung. Die Betrachtung als Kunst bietet die Erklärung, rechtfertigt den Anlass oder begründet im Nachhinein das Interesse.

EBMEYER Ich sehe in dem Bild (S. 53) die beiden großen Vs wie gereckte Arme, wobei die zweite der Gestalten keinen Kopf mehr zu haben scheint. Jedes T erinnert mich an ein Grabkreuz. Und im Hintergrund zeichnet sich vertikal eine Art Schriftzug oder Zeichenspiel in Schwarz ab, für mich bis auf ein YOU im oberen Drittel nicht zu entziffern. Zugleich kommen mir diese schwarzen Linien wie ein Schattenspiel vor (die Revolte und ihr Double? Die Verzerrung der Revolte, wenn sie zum Revival wird?) – oder wie ein Irrgarten, aus dem der Satz hervorgegangen sein mag.

SCHAPPERT Ich sehe in dem Bild *Jede Revolte wird zum Revival angesichts der Tat* (S. 53) weniger konkrete Figuren als im Bild REVOLT (S. 59). Dazu hast du ja oben auch schon einige Assoziationen geäußert. Du sprachst von einem Mahlwerk oder Fleischwolf und einer tickenden Uhr, die eventuell zur Engführung eines politischen Plans dienen könnte. Diese Sichtweise finde ich charmant. Ob dann am unteren Ende allerdings eher ein Kanal zum Herauspressen verengter Gedanken zu sehen ist oder ein Tragegriff wie bei einer Monstranz – beide Möglichkeiten würde ich offenhalten.

EBMEYER Camus warnt vor der Erstarrung der Revolte, vor allem wenn sie zur Revolution wird. Zugleich spricht er der Revolte eine bewahrende Qualität zu. Beide Stichworte sehe ich in deinen REVOLT-Bildern bespielt, besonders da, wo sie Worten und Buchstaben eine zumindest angedeutete (und vieldeutige) figürliche Funktion geben.

SCHAPPERT O ja, hier möchte ich ein letztes Mal Camus zitieren: »Der Revolutionär ist zu gleicher Zeit ein Revoltierender; oder er ist nicht mehr Revolutionär, sondern Polizist oder Beamter, der sich gegen die Revolte wendet.« Camus fährt fort, dass ein Revoltierender sich schließlich gegen die Revolution wende, weil er ihren wachsenden Widerspruch erkennt: dass die Revolutionäre als Unterdrücker enden werden. Auch wir haben in unserem Essay mehrfach vor der Erstarrung einer revolutionären Haltung gewarnt und erhoffen uns eine solidarische Revolte, die sich durch beständige Selbstkritik und, so möchte ich hier ergänzen, durch eine ebenso permanente Hinterfragung ihrer Stilfindung auszeichnet. Das Bewahrende der Revolte könnte eben darin bestehen, dass sie nicht die Wirklichkeit insgesamt ablehnt, sondern Korrekturen vornehmen möchte, und dass sie – zumindest nach Camus – auf ein allen Menschen gemeinsames Naturrecht Bezug nimmt, um sich zu legitimieren. Da gibt es für mich keinen Unterschied zur Wirkungsweise der Kunst.

EBMEYER Eins meiner Lieblingsbilder aus deiner Serie ist EINFACH KEINE REVOLUTION HIER … Ich assoziiere damit: Blick durch ein Bullauge auf Sprachmaterial zu unserem Thema. Ich sehe und verknüpfe: Fluss – Strudel/Wirbel. Treibgut – Kultur/Erbe, auch im Sinn einer Weitergabe oder eines unterschwelligen Fortwirkens ideologischer Traditionen; ein willkürlicher Umgang mit diesem intellektuellen Erbe. Brücken – sie erscheinen nutzlos, museal, als seien das Ziel der Verständigung und die Praxis des Austauschs nur noch als Baudenkmal oder Dekorationselement erhalten. Das eiserne Seil – der rote Faden, die vielleicht schon verlorene Möglichkeit, unter Bedingungen einer illusorischen Ruhe Zusammenhänge zwischen den treibenden Gütern zu erkennen. Fassen wir die Wellen mit dem Treibgut als die revoltierende Bewegung auf und das Sinken des Wasserspiegels als die drohende

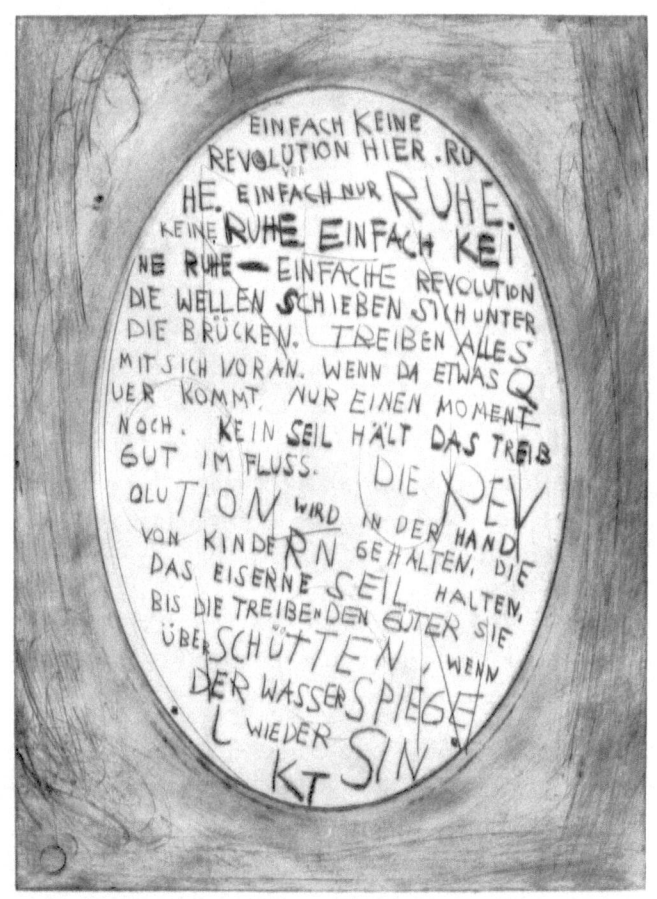

Erstarrung der Revolution, scheint mir der Blick auf die Möglichkeiten der Revolte hier pessimistisch.

SCHAPPERT Vielleicht wirkt das Bild gar nicht pessimistisch, sondern möchte die Revolte vor der Revolution bewahren, bevor der Wasserspiegel wieder sinkt. Das Bild würde dann eher die Stimmung aufzeigen, die von einer trügerischen und widersprüchlichen Ruhe ausgehen kann, inmitten größter Anspannung. Das eiserne Seil, der rote Faden, wer hält sie in der Hand? Ja, du schälst interessante und wichtige Fragen aus dem Bild heraus: Haben wir überhaupt die Möglichkeit, die Zusammenhänge zwischen den treibenden Gütern bei anschwellendem und fließendem Gewässer zu ergreifen und vor dem Fortspülen zu bewahren? Sind die Kinder, die das Seil noch halten, unerfahren, oder erkennen gerade sie die haltlose Notwendigkeit, die jede Ruhe obsolet macht, und bewahren sie am Ende doch noch sich selbst und uns vor der Überschüttung mit den treibenden Gütern?

EBMEYER Nach dem Bad im Zweifel mal aktivistisch gefragt: Welche Rollen sollte Revolte, so wie wir sie auffassen, in der Kunst heute spielen?

SCHAPPERT Der Kunst- und Kulturbetrieb hat sich in den letzten Jahren vehement mit Fragen nach Unterdrückungsmechanismen beschäftigt, mit identitätspolitischen Stellungnahmen, mit Rassismus, religiöser Ausrichtung, Fundamentalismus, Postkolonialismus und frei zu wählenden sozialen Geschlechtern. Hierbei hat sich ein Denken in Kollektiven mit zumeist temporären und kontextabhängigen Allianzen ausgebildet, das jeweils eindeutig Stellung bezieht und mit Feindbildern arbeitet, bis hin zu Boykottaufrufen. Zudem rücken mit den Anwendungsmöglichkeiten von Künstlicher Intelligenz, die sich im Zusammenspiel mit den Künsten entwickeln, kritische Fragen nach persönlicher Autorenschaft, Verantwortung und eigenständiger Stilbildung ins kulturpolitische Zentrum. Die Möglichkeiten individueller künstlerischer Arbeit werden neu ausgelotet, Wert und Schutz künstlerischer Freiheit und mögliche Grenzziehungen werden verstärkt diskutiert. Hier entsteht viel Erklärungsbedarf, und hier sehe ich die Notwendigkeit eines revoltierenden Aufbegehrens zum Schutz demokratisch geschützter Freiräume für kulturelle Begegnungen. Immer wieder laufen die aktuellen Debatten auf die Frage hinaus: Sollen sich die Künste – der Begriff ist eigentlich nur noch im Plural zu gebrauchen, da ihre Formen, Genres und Metiers zu unterschiedlich geworden sind, um sie noch auf einen Nenner zu bringen – den als richtig empfundenen politischen Notwendigkeiten unterordnen oder sie illustrieren? Ich wäre hier skeptisch und würde deshalb auch jedem Revolutionär raten, sich nicht auf die Künste zu verlassen. Möchten sich allerdings Revoltierende, die sich mit ihrer eigenen Formgebung und dabei auch mit Widersprüchen beschäftigen, ein Gegenüber verschaffen, das die Formfindung ihrer revoltierenden Bewegung reflektiert und ihr durch Abwägen, Mehrdeutigkeiten und nonbinäres Denken mögliche Alternativen zur Seite stellt, dann sollten sie sich unbedingt auch an die Künste wenden.

EBMEYER Und welche Rollen können die Künste spielen, damit die Revolte in Bewegung bleibt?

SCHAPPERT Die Künste könnten ein Vorbild für freies Denken sein und sollten sich von Kulturboykottaufrufen und Funktionalisierungen fern halten. Die Künste würden dann kein alternativloses »Damit« zulassen und der Revolte zeigen, wie sie sich frei in Bewegung hält.

In Bewegung

Noch ein Revolte-Slogan nach unserem Geschmack: »Für das Leben, gegen den Tod«.

Unter dieses Motto stellte das Bündnis *Feminism Unlimited* in Berlin im Oktober 2024 seine Kundgebung zum Jahrestag der Hamas-Massaker. Albert Camus' Worte von der Revolution »zugunsten des Lebens und nicht gegen es« scheinen darin widerzuhallen, zugleich reagiert es auf die Islamisten-Parole »Ihr liebt das Leben, wir lieben den Tod« (bekannt geworden mit den Al-Qaida-Videos nach 9/11, später vom »Islamischen Staat« aufgegriffen und zuletzt von der Hamas zur Feier des Mordens verwendet; »¡*Viva la muerte!*«, »Es lebe der Tod!«, ist allerdings auch ein Motto der *Legión Española*, die im Spanischen Bürgerkrieg auf Seiten Francos kämpfte und sich bis heute für gut katholisch hält).

»Für das Leben, gegen den Tod« solle, so formuliert es *Feminism Unlimited* auf seiner Website, »unserer solidarischen Hoffnung und antifaschistischen Lebensverteidigung Ausdruck verleihen, und damit eine grundsätzliche Antwort auf alle Ideologien der Lebensvernichtung formulieren«.

Wir würden, Stichwort *grundsätzlich*, sagen, der Slogan tut noch mehr, als eine Hoffnung auszudrücken und eine Antwort zu geben. Im Gewand eines polarisierenden Aufrufs, der sich aber auf die existentielle Dichotomie von Leben und Tod beschränkt, bietet er eine fundamentale Kritik der Polarisierung an, einen Prüfstein für ideologisches Denken und politisches Handeln: Dient solches Handeln und Denken dem Leben? Geht es ihm um das Wohl der Ökosysteme? Um das Wohl der Menschheit? Um das Wohl einer Gruppe auf Kosten anderer? Um das Wohl Einzelner? Um eine religiöse Fiktion, eine Lizenz zur Gewalt, eine Rechtfertigung von Unterdrückung?

Wir schlagen vor, jeden Ansatz zur Revolte mit diesem Prüfstein zu reiben.

Auf die Frage nach der Herkunft des Mottos verweist die Autorin und Aktivistin Elisa Aseva, eine der Initiatorinnen von *Feminism Unlimited*, auf den kärntner-slowenischen Partisanen Lipej Kolenik. Dessen Chronik über seinen Weg in den Widerstand gegen die Nazis erschien 2001 in deutscher Übersetzung unter dem Titel *Für das Leben, gegen den Tod*. Das Museum Gedenkstätte Peršmanhof in Kärnten, dem Elisa Aseva freundschaftlich verbunden ist, griff den Titel Ende 2022 auf, um einen Schal für den hauseigenen Shop damit zu beschriften. Der Schal trägt außer *FÜR DAS LEBEN, GEGEN DEN TOD* noch den slowenischen Schriftzug *PO SLEDEH UPORA IN UPANJA* – »Auf den Spuren von Rebellion und Hoffnung«.

Ein Missverständnis hinsichtlich des Kundgebungsaufrufs, sagt Elisa Aseva, sei gewesen, dass manche sich bei dem Slogan an die Anti-Abtreibungs-Bewegung erinnert fühlten. Dass diese sich mit Selbstbezeichnungen wie »*Pro Life*« oder »Lebensschutz« schmückt – obwohl es ihr nicht wirklich um den Schutz von Leben zu tun ist, sondern darum, Frauen zum Austragen von Föten zu zwingen, während das Leben der Kinder, sobald geboren, ihr ebenso egal zu sein pflegt wie das

Leben der Mütter –, ist eh ein Etikettenschwindel der übleren Sorte. *Feminism Unlimited* sucht die Distanz dazu durch überdeutliche Formulierungen wie die von der »antifaschistischen Lebensverteidigung«. Wir schlagen vor, sie mit Untertiteln à la »Auf den Spuren von Rebellion und Hoffnung« herzustellen. Gerade angesichts der um sich greifenden Todestriebe (eine von etlichen Gemeinsamkeiten zwischen dem militanten Islamismus und der »neuen Rechten«) sollte das Wortfeld Lebensschutz von der Tyrannei der Abtreibungsgegner befreit werden.

»Eine andere Welt ist möglich« ist ein weiterer Ruf zur Revolte, der die Polarisierungsfalle vermeidet. Seit die Bewegung der Sozialforen in den frühen Nullerjahren ihn zu ihrer Devise machte, taucht er immer wieder als Parole für konstruktiven Protest auf, sei es als deutscher Titel eines Buchs der Aktivistin Vandana Shiva (2019) oder bei *Fridays for Future*.

Seine Geschichte ist allerdings viel länger. Eine seiner Wurzeln liegt in einer Notiz des Schweizer Romantikers Ignaz Troxler aus den 1830er-Jahren: »Freilich gibt es eine andere Welt. Aber sie ist in dieser. […] Der Mensch muss den künftigen Zustand in der Gegenwart suchen und den Himmel nicht über der Erde, sondern in sich.« Eine knackig-emphatische, auch im Hinblick auf Wir-Gefühle ermutigende Variante legte hundert Jahre später, im Juli 1936, der spanische Anarchist Buenaventura Durruti vor: »Wir tragen eine neue Welt in unseren Herzen.«

Bei Durruti lohnt es sich, noch den Kontext des Satzes hinzuzuziehen, der wiederum ein sehr anderer ist als bei Troxler:

»Wir wissen, dass wir nichts als Trümmer erben werden, denn die Bourgeoisie versucht in der letzten Phase ihrer Geschichte, die Welt in Trümmer zu legen. [...] Uns machen die Trümmer keine Angst, denn wir tragen eine neue Welt in unseren Herzen.« Eine Ansprache wie gemacht, um selbst heute noch Hoffnung zu schöpfen. Einerseits ist seit Durrutis Worten auch schon wieder fast ein Jahrhundert vergangen, und was er als »letzte Phase« in der Geschichte der »Bourgeoisie« betrachtete, scheint eine ihrer längsten zu sein und hat unterdessen einige unvorhersehbare Wendungen genommen. Andererseits formulierte er seine Worte, als in Spanien gerade die Falangisten gegen die Republik geputscht hatten und das Land in den Bürgerkrieg stürzten, während sich von Deutschland aus die Nazis anschickten, Europa mit ihrer Vernichtungsideologie zu überziehen, und der in der Sowjetunion vorgelebte Kommunismus im stalinistischen Staatsterror versank.

Ehe wir uns nun aber bei Kalendersprüchen wie »Die Hoffnung stirbt zuletzt« wiederfinden, wenden wir uns wieder der heute gängigen Version der Parole zu, also »Eine andere Welt ist möglich«. Mit dem Rückgriff auf romantische und anarchistische Ideen beantwortete die globalisierungskritische Bewegung das Gerede von der »Alternativlosigkeit«, das seit Margaret Thatchers Mantra *There is no alternative* zur Rechtfertigung ihres neoliberalen Umbaus Großbritanniens zum Totschlagargument der Marktradikalen in aller Welt geworden war. Die sechzehn *Weltsozialforen* von Porto Alegre (2001) bis Mexiko-Stadt (2022) boten Räume, um der möglichen anderen Welt im basisdemokratischen Austausch Gestalten zu geben. Weil das Medieninteresse an den Versammlungen nach einigen Jahren schwand, ab etwa 2010 auch die Zahl der Teilnehmenden zurückging (während die institutionelle Vereinnahmung als »NGO-Jahrmarkt« fortschritt) und die Verlegung auf Online- und Hybrid-Formate während der Corona-Pandemie nur bescheidenen Anklang fand, wird vielfach resümiert, aus dem Konzept *Weltsozialforum* sei die Luft raus. Betrachtet man aber, anstatt sich einem wohlfeilen Pessimismus hinzugeben, die diversen sozialen Bewegungen des bisherigen 21. Jahrhunderts anhand der Anliegen, die sie gemeinsam haben, so lässt sich eine kraftvolle und annähernd globale Kontinuität von Sehnsüchten nach solidarischer Revolte feststellen: von den Gipfel-Protesten bis zum Klimaaktivismus, von *Occupy* bis *Black Lives Matter,* von *#MeToo* bis *Jin, Jiyan, Azadî,* vom Tahrir-Platz in Kairo über den Gezi-Park in Istanbul und die Hennessy Road in Hongkong bis zur Kaplan Street in Tel Aviv. Es sind Sehnsüchte – und Forderungen – nach demokratischer Teilhabe und Gleichberechtigung, nach freier Entfaltung, nach Schutz vor Gewalt und Willkür, vor Armut und Gier, nach dem Ende von Unterdrückung, nach Rechenschaft für Täter, auch und gerade wenn sie von Machtpositionen aus handeln, nach der gerechten Verteilung von Wohlstand, nach der Rettung von Ökosystemen und dem Erhalt der menschlichen Lebensgrundlagen.

    Keine dieser Forderungen ist extremistisch. Sie lassen sich sämtlich aus der *Allgemeinen Erklärung der Menschenrechte* und den *globalen Nachhaltigkeitszielen* der UNO ableiten.

Dennoch werden Verfechter*innen der solidarischen Revolte im vorherrschenden politischen Diskurs selbst in demokratischen Staaten wie der Bundesrepublik Deutschland systematisch verunglimpft. So gesehen bestimmt diesen Diskurs heute der oben beschriebene Krawallkonservatismus. Das, was *konservativ* eigentlich heißt, nämlich *dem Bewahren verpflichtet,* erfüllen unterdessen zum Beispiel die als »Klima-Chaoten« beschimpften Protestierenden, wenn sie Straßen blockieren, um auf das 1,5-Grad-Ziel zu pochen, dessen Einhaltung in Deutschland offiziell politischer Konsens ist – und das 2024 bereits überschritten wurde. Kulturelle Hegemonie genießt eine Ideologie der Scheinheiligkeit und Zerstörung, mit der eine als Anrecht behandelte Praxis der Plünderung von Ressourcen, der Ausbeutung von Menschen am anderen Ende der Lieferketten und des Verrats an künftigen Generationen einhergeht. Von Nachhaltigkeit wird gerne geredet, zugleich wird weiterhin eine kurzsichtige Art des Wirtschaftens fetischisiert. Obszöne Anhäufungen von Reichtum und politischer Macht bei Einzelnen werden auch in formal demokratischen Gesellschaften geduldet oder gar gefeiert. Unter solchen Umständen hat die solidarische Revolte in der Tat eine zutiefst bewahrende Qualität.

»Protest like there is a tomorrow«: An dieser Stelle sei das Motto zum »globalen Klimastreik« im September 2024 gewürdigt. Zu protestieren, als gebe es ein Morgen, scheint uns ein vielversprechender Ansatz, um den Mut zur Revolte zu finden – gerade im Umgang mit einem fast weltweiten ideologischen und gesellschaftlichen *Backlash*, wie er sich im

Aufstieg der neuen Autokratien zeigt und im Rückfall in die Kriegslogik, in der Abkehr von Ansätzen zur ökologischen Transformation, im Grassieren rassistischer und antisemitischer Haltungen, im Erstarken frauenverachtender Regime und repressiver Geschlechterklischees (bis hin zur Social-Media-Propaganda der *Tradwives* und der *Hijabi Influencers),* in Feldzügen gegen *Wokeness* – und so fort.

Eine Parole wie »*Protest like there is a tomorrow*« mag auf ein Wir-Gefühl abzielen, das Luisa Neubauer von *Fridays for Future* mit dem Akronym »*fomo*« benennt, Abkürzung für *fear of missing out.* Doch auch jenseits der Ambition, Protest zum gesellschaftlichen Ereignis zu machen, das niemand verpassen will, entfaltet der Slogan beträchtlichen Revolte-Charme. Schon durch die spielerisch-elegante Umkehr all der auf Englisch wie auf Deutsch gängigen »… als gäbe es kein Morgen«-Phrasen. Er lädt dezent zum Lachen der Revolte ein, und der Humor geht nicht zulasten der Dringlichkeit. »Protestiert, als gebe es ein Morgen« (wir finden hier beim Übersetzen den Konjunktiv 1 schlüssiger), kann eine stabile Antwort sein auf das Getöse der Nach-uns-die-Sintflut-Bewegungen, die heute Revolte als autoritäre Farce inszenieren.

Apropos Morgen: Gerade beim Klimaaktivismus schwirrt oft das Schlagwort *Systemwechsel* oder *system change* durch die Debatte, weil die Dogmen von Wachstum und Mehrwertproduktion kein zukunftsfähiges Wirtschaften zu erlauben scheinen. Das Schlagwort überschreitet meilenweit den Rahmen unseres Essays. Wir wollen nur rasch die abgründige oder bodenlose Frage daran aufhängen: Muss es denn ein System sein?

NACH DEM AUSSTAND

Wenn Revolte nicht autoritär werden will, richtet sie sich, einigermaßen konsequent gedacht, auf die Überwindung des Prinzips Herrschaft. Damit wären wir wieder bei dem (utopischen) Hoffnungshorizont einer Ordnung ohne Herrschaft, vor dem wir Revoltebestrebungen auf allen Ebenen einzuschätzen vorschlagen.

Ein utopischer Horizont muss keine pragmatischen Erwägungen verhindern. Zum Beispiel kann sich die Hoffnung einstweilen auch auf Szenarien richten wie eine mögliche Revolte des Föderalismus in den USA gegen das autokratische MAGA-Projekt (sodass das Land am Ende der zweiten Trump-Präsidentschaft vielleicht doch in entscheidenden Aspekten eine Demokratie bleiben würde) – oder eine neue, nicht mehr zu stoppende Welle von *Jin, Jiyan, Azadî*, die von Iran aus um die Welt ginge.

Revolten in Reaktion auf die Häufung von Wetterkatastrophen und die klimapolitische Untätigkeit der zuständigen Regierungen sind wahrscheinlich und müssen nicht zwangsläufig in Terror umschlagen. Einen interessanten Anlass zur Revolte könnte die sogenannte technologische Singularität bilden, die nach Einschätzung mancher KI-Koryphäen unmittelbar bevorsteht: der Punkt, von dem an Künstliche Intelligenz sich in Eigenregie besser weiterentwickelt als von Programmierer*innen betreut. Hier läge Revoltepotential sowohl bei der KI als auch im Aufbegehren von Menschen gegen Maschinen.

Wir aber wollen uns zum Schluss unseres kleinen Plädoyers für Arten der Revolte, die sich ihr Wir nicht vorschreiben lassen – sondern es selbst in ihrer Bewegung schaffen, in einem kollektiv-schöpferischen Akt, der sich aus dem Korsett des Herrschaftsdenkens befreit –, noch kurz vor Hannah Arendt und ihrem Buch *Über die Revolution* verneigen. Den Verweis auf ihren eigenwilligen, optimistischen Revolutionsbegriff haben wir bis hierher aufgeschoben, um der Skepsis gegenüber Revolutionen im gängigen Sinn Raum zu geben. Doch Hannah Arendt fasst das Wort anders auf. Für sie bezeichnet Revolution nicht den Umsturz, der totalitär wird und seine Kinder frisst, sondern den Moment eines radikalen Neubeginns, erfüllt von »der hohen Lust […], welche die menschliche Fähigkeit, einen neuen Anfang zu setzen, unwiderstehlich erzeugt«. Arendt besteht darauf, »dass das Ziel der Revolution heute wie seit eh und je nichts anderes sein kann als eben Freiheit« – und zwar »Freiheit für alle«.

Auf einen neuen Anfang zugunsten des Lebens und im Zeichen der Freiheit für alle strebt die solidarische Revolte zu.

Bildverzeichnis

S. 11 TUMULT, 2017, Ölfarbe auf Leinwand, 90 x 70 cm, Foto: Simon Vogel

S. 18 WICHR, WIHR …, 2024, digitale Skizze, Maße variabel

S. 21 REVOLUTION, 2024, Heftseite im Skizzenbuch, 21 x 13 cm

S. 36 PRO TEST, 2025, Plattencover, r-ecords.com, 31,5 x 31,5 cm

S. 41 IRRE FÜHREN, 2019, lichtechter Druck auf Aluminium in Eichenholzrahmen, 103 x 183 cm, Edition 1/3 der Werkreihe HABE MICH VERLOREN

S. 47 REVOLTE, 2024, digitale Skizze, Maße variabel

S. 53 JEDE REVOLTE WIRD ZUM REVIVAL ANGESICHTS DER TAT, 2018, Ölfarbe auf Leinwand 120 x 70 cm, Foto: Simon Vogel

S. 59 REVOLT, 2018, Ölfarbe auf Leinwand, 90 x 70 cm, Foto: Simon Vogel

S. 75 EINFACH KEINE REVOLUTION HIER …, 2010, Kaltnadelradierung auf Büttenpapier, Plattengröße: 39 x 29,5 cm

S. 86 NACH DEM ZUSTAND, 2021, digitale Vorzeichnung einer Wandmalerei, Maße variabel

Alle Werke von Roland Schappert: © R. Schappert und VG Bild-Kunst, Bonn 2025

Michael Ebmeyer

Nonbinär ist die Rettung

Ein Plädoyer für subversives Denken

Wenn es eine Rettung gibt, dann ist sie nonbinär.

85 Seiten, Kbr, 2023
ISBN 978-3-8497-0507-7

Das Denken in Oppositionen hilft, die Welt zu erfassen. Der Haken daran ist, dass es Hierarchien begünstigt: zwischen Mann und Frau, Vorgesetzten und Untergebenen, Regierenden und Regierten usw. Mit der Genderdebatte kam das Nonbinäre auf die gesellschaftliche Tagesordnung, und sie brachte eine Emanzipationsbewegung hervor, die den einen Anlass für wüste Kontroversen bietet, den anderen Hoffnung auf einen sozialen Umbruch macht. Um solche Hoffnungen geht es in Michael Ebmeyers rasantem Essay. Er nimmt die Genderdebatte zum Ausgangspunkt, von dem aus er das binäre Schema als Ordnungsprinzip grundlegend hinterfragt. Ebmeyer verknüpft dabei verschiedene Strategien für subversives Denken und Handeln: die Verfahren der Dekonstruktion auf erkenntnistheoretischer Ebene; die Abkehr vom Prinzip Herrschaft als politische Praxis; Feminismus und LGBTQ+-Bewegung als Modelle zur Erschütterung autoritärer Gewohnheiten. Angesichts der akuten Bedrohung unserer Lebensgrundlagen wird deutlicher denn je: Wir hängen im binären Schema fest, müssen uns aber dringend bewegen.

 Carl-Auer Verlag • www.carl-auer.de

Harry Lehmann

Ideologiemaschinen

Wie Cancel Culture funktioniert

147 Seiten, Kbr, 2024
ISBN 978-3-8497-0545-9

„Auch Philosophen können verständliche und praktisch relevante Texte schreiben. Wer daran zweifelt, greife zu Harry Lehmanns neuem Buch. Auf nicht mal 150 Seiten rückt er luzide und überzeugend der universitären Cancel Culture zu Leibe. (...) Man muss das Buch gelesen haben."
Mathias Brodkorb (Cicero 11/2024)

„Wir sollten Harry Lehmann und uns mit diesem Arbeitsprogramm viel Erfolg wünschen. Die von ihm klargelegte Instrumentalisierung von Institutionen als ‚Ideologiemaschinen', in denen aufgrund des externen Diffamierungsdrucks nur noch das getan wird, was ‚politisch opportun' gegenüber den geschicktesten Polit-Aktivisten erscheint, bedeutet letztlich die Abschaffung der offenen Gesellschaft, wie wir sie kennen."
Michael Andrick (Berliner Zeitung, 2.9.2024)

„Das Buch ist allen nachdrücklich zu empfehlen, die sich Sorgen um die Freiheit von Kunst und Wissenschaft und die Erhaltung der liberalen Demokratie machen. Die Ideologen wird es wohl leider nicht erreichen."
Tom Levold (Systemagazin, 6.8.24)

 Carl-Auer Verlag • www.carl-auer.de

Fritz B. Simon

Die kommenden Diktaturen

Ein Worst-Case-Szenario

Ein einleuchtendes Worst-Case-Szenario, das aufrüttelt und klarmacht, was wir riskieren.

82 Seiten, Kbr, 2024
ISBN 978-3-8497-0556-5

Fritz B. Simon wirft einen mehr als skeptischen Blick auf die politischen Entwicklungen im Kontext der unübersehbaren internationalen Probleme. Der Fokus liegt dabei auf der zukünftigen Bewohnbarkeit der Erde angesichts des von niemandem ernsthaft bezweifelten Klimawandels. Diese weltweite Herausforderung wird allerdings, wie viele andere auch, nach wie vor eher national angegangen – wenn überhaupt.

Angesichts fehlender politischer Lösungserfolge gewinnt der Autoritarismus an Zustimmung, Einfluss und Macht. Demokratien geraten ernsthaft in Gefahr. Die Wahrscheinlichkeit, dass wir Diktaturen, und damit Diktatoren, das Ruder überlassen werden, wächst.

Neuere Systemtheorie kann schlüssig erklären, warum am Ende Freiheit und Wohlstand radikal eingeschränkt werden könnten. Dass autoritären bzw. diktatorischen Regierungen gelänge, was wissenschaftlich angeraten ist, um die Erde großflächig bewohnbar zu halten, darf bezweifelt werden.

 Carl-Auer Verlag • www.carl-auer.de

Claudia Salowski

Konservative Verbitterung

Die gekränkte deutsche Mitte

96 Seiten, Kbr, 2025
ISBN 978-3-8497-0586-2

Radikalisierung ist kein Schlagwort, sondern erlebter Alltag – in politischem Streit, in verwendeter Sprache, in der Erfahrung von Polarisierung. Der sich dabei sorgenvoll auf die „Ränder" des politischen Spektrums fokussierende Blick generiert einen großen blinden Fleck: die sogenannte „Mitte" der Gesellschaft. Insbesondere dort aber werden die Versprechungen und Erwartungen der Moderne für gesichertes und gelingendes Leben geprüft und verhandelt. Und dort grassieren Enttäuschungen, erlebte und befürchtete Verluste und die Sorge um gesellschaftlichen Abstieg.

Konservative Lebenseinstellungen und Programme verlieren ihre gestalterische Kraft. Verbitterung stellt sich ein und führt zu wachsender Skepsis gegenüber und Ablehnung von Demokratie und ihren Institutionen und Akteur:innen. Claudia Salowskis Vermessung der gesellschaftlichen Mitte zeigt, wie sich Enttäuschung, Wut, Empörung und Verbitterung in den sozialen Arenen entfalten und starke Schließungstendenzen befördern.

 Carl-Auer Verlag • www.carl-auer.de